in··relation

Organisationsentwicklung auf der Basis der Gruppentheorie von Eric Berne

Eine transaktionsanalytische Fallstudie

Sabrina Hupperich

Mit einem Vorwort von Michael Korpiun

In Relation Publications | No. 5

Impressum

Texte: © Copyright by Sabrina Hupperich
Umschlag: © Copyright by Dr. Michael Korpiun, Martin Thiele
Herstellung
und Verlag: BoD – Books on Demand, Norderstedt

Auflage: 1. Auflage 2022

ISBN 9-783755-799139

Printed in Germany

Bibliografische Information der Deutschen Nationalbibliothek

Die Deutsche Nationalbibliothek verzeichnet diese Publikation in der Deutschen Nationalbibliografie; detaillierte bibliografische Daten sind im Internet
über http://dnb.d-nb.de abrufbar.

Überblick

Inhaltsverzeichnis

Abbildungsverzeichnis

Abkürzungsverzeichnis

bzw.	beziehungsweise
DGTA	Deutsche Gesellschaft für Transaktionsanalyse
d.h.	dies / das heißt
EATA	European Association for Transactional Analysis
ff.	fortfolgende
i.S.	im Sinne
i.S.v.	im Sinne von
IT	Informationstechnik
o.g.	oben genannte / s / r
s.	siehe
S.	Seite
TA	Transaktionsanalyse
u.a.	unter anderem
sog.	sogenannte
vgl.	vergleiche
z.B.	zum Beispiel
z.T.	zum Teil

Organisationsentwicklung auf
Basis der Gruppentheorie von
E. Berne

00

Vorwort

Vorwort

Die vorliegende transaktionsanalytische Fallstudie ist bereits die zweite Praxisarbeit, die von In Stability bei In Relation Publications publiziert wird (die erste Fallstudie wurde von Martin Thiele in dieser Reihe als Band 4 veröffentlicht). Ihr Schwerpunkt ist die Organisationsentwicklung auf Basis der Gruppentheorie von Eric Berne. Die Organisationsberatung wurde durchgeführt und nachfolgend umfassend beschrieben von Sabrina Hupperich in ihrer Funktion als Senior Beraterin bei In Stability. Sie ist Organisationsentwicklerin, Trainerin und Master Coach (EASC) sowie lehrende und supervidierende Transaktionsanalytikerin unter Supervision (PTSTA-O). Die Besonderheit dieser Fallstudie besteht in darin, dass Sabrina Hupperich konsequent und erfolgreich die Gruppentheorie von Eric Berne auf einen praktischen Beratungsfall angewendet und evaluiert hat. Und sie gibt darüber hinaus Einblicke in ihr Selbstverständnis als Organisationsentwicklerin.

Die Arbeit integriert daher zwei Aspekte: zum einen werden die Grundzüge der Gruppentheorie von Eric Berne dargestellt. Zum anderen werden sie konsequent und unter Bezugnahme auf ein beziehungsorientiertes Beratungsverständnis auf Entwicklungsanliegen angewendet. Theorie und Praxis verschränken sich auf diese Weise unmittelbar und es wird deutlich, wie mit den von Eric Berne entwickelten theoretischen Grundlagen in der Praxis erfolgreich gearbeitet werden kann. Bereichert wird die Fallstudie durch die Integration weiterer Modelle, wie z.B. dem Ansatz der fünf Dysfunktionalitäten nach Lencioni, einem Modell, dass insbesondere die Konfliktfähigkeit und Vertrauensbasis in Organisationen in den Blick nimmt.

Bei der beratenden Organisation handelt es sich um ein Immobilienunternehmen, das in den Bereichen Wohnen, Bauen und Beteiligungen sowie in der Entwicklung innovativer Produkte und Dienstleistungen tätig ist. Eine Besonderheit besteht in der Rechtsform der Organisation, die eine kirchliche Stiftung bürgerlichen Rechts ist. Einen besonderen Schwerpunkt legt Sabrina Hupperich zu Beginn ihres Beratungsprozesses auf die Mandatsklärung im Rahmen einer differenzierten Vertragsarbeit. Sie nutzt hierzu einerseits die Vertragskriterien nach Claude Steiner und andererseits ein schrittweises, annäherndes Vorgehen, um mit der Geschäftsleitung sorgfältig abzustimmen, was das Ziel des Beratungsprozesses sein kann.

Im weiteren Vorgehen nutzt Sabrina Hupperich konsequent das Gruppenstrukturmodell von Eric Berne, um die konzeptionell die Ausgangslage und Situationsbeschreibung darzulegen. Sie kombiniert diesen strukturellen Ansatz mit der Betrachtung der primären Gruppenarten nach Berne und damit einem eher energetischen Konzept, das wichtige Hinweise für die Organisationsdynamik gibt. Sabrina Hupperich ergänzt ihr Vorgehen um die organisationale Interpretation des Autonomiemodells nach Vogelauer mit den Dimensionen Effektivität, Flexibilität und Zusammenarbeitskultur (Kooperation) und leitet daraus Zielrichtungen für die Beratung ab. In Summe entstehen auf diese Weise sieben Hypothesen zur Organisationsdynamik, die mit Interventionszielen hinterlegt werden.

Sie bilden die Basis für das weitere Vorgehen, insbesondere die Interventionsplanung und die Entwicklung einer grundlegenden Vorstellung über den Beratungsprozess. In der Arbeit mit der Organisation kombiniert Sabrina Hupperich die Gruppentheorie von Berne mit einer introspektiven Selbsteinschätzung der Geschäftsleitung auf Basis des Modells der fünf Dysfunktionalitäten nach Lencioni. Auf diese Weise gelingt es ihr, bereits frühzeitig Haltungsthemen zu beleuchten, die sich für den weiteren Prozess gegenüber strukturellen Themen als bedeutsam herausstellen.

Sabrina Hupperich ergänzt ihr Vorgehen um visuell-kreative Zugänge und bietet der Organisationsleitung damit eine Verbindung zu eher intuitiv-vorbewusstem Wissen zur Dynamik der Organisation. Durch die Kombination von Gruppentheorie von Berne, dem Modell der Dysfunktionalitäten von Lencioni sowie visuell-kreativen Zugängen befähigt sie die Geschäftsleitung, differenzierte Entwicklungsstränge für die weitere Arbeit mit der Organisation abzuleiten. Diese Entwicklungsstränge betreffen die für Organisationen typische Komplexität von Themen. Sie reichen von kulturellen Fragen, über Fragen des Führungsverständnisses, ihrer Veränderungsfähigkeit und Professionalität bis hin zu Strukturthemen.

In der praktischen Beratungsarbeit nutzt Sabrina Hupperich neben der Gruppentheorie weitere zentrale Modelle aus der Transaktionsanalyse, wie z.B. die Grundhaltungen oder die Abwertungsmatrix und wendet sie konsequent auf die Arbeit mit der Geschäftsführung an. In Summe wird dadurch die Reflexionsfähigkeit der Geschäftsführung deutlich erhöht und sie zugleich befähigt, eigene Ansätze zur Veränderung, mithin mehr organisationale Autonomie zu entwickeln.

Die Beschreibung des Beratungsprozesses endet mit einer differenzierten und sorgfältigen Evaluation des Vorgehens. Sie nimmt Bezug auf die eingangs zugrunde gelegten Hypothesen, beschreibt den Status Quo gegen Ende der Beratung und greift damit noch einmal zurück auf die gruppen- und organisationstheoretischen Grundlagen des Vorgehens.

Abschließend gibt Sabrina Hupperich noch einen Einblick in ihr Selbstverständnis als Organisationsentwicklerin, Trainerin und Coach. Sie skizziert zugleich ihre eigene professionelle Entwicklung und was das für sie in ihrer Beraterinnenrolle bedeutet. Damit gibt sie abschließend einen differenzierten Einblick in die Herausforderungen aber auch die Chancen, die in einer beziehungsorientierte Organisationsentwicklung liegen können.

Von besonderem Interesse dürfte die Fallstudie für Mitarbeitende und Führungskräfte aus Organisationen sein, ebenso wie Personal- und Organisationsentwickler*innen sowie Berater*innen und Coaches. Je nach Perspektive können Leser*innen Einblicke gewinnen in die praktische Entwicklungsarbeit von Organisationen auf Basis fundierter theoretischer und konzeptioneller Grundlagen sowie eines gereiften und differenzierten Beratungsverständnisses.

Im Mai 2022

Dr. Michael Korpiun

Lehrender und supervidierender Transaktionsanalytiker (TSTA), Lehr-Trainer, Lehr-Coach, Lehr-Supervisior (EASC)

Organisationsentwicklung auf
Basis der Gruppentheorie von
E. Berne

01

Eine transaktionsanalytische
Fallstudie

Hintergrund und Einleitung

Die vorliegende Fallstudie beinhaltet ein konkretes Beispiel aus meiner Praxis als Organisationsentwicklerin und ist im Rahmen meiner Weiterbildung und Prüfung zur CTA-O (Certified Transactional Analyst im Anwendungsfeld Organisation) entstanden. Sie ist eine Anregung dafür, wie transaktionsanalytische Modelle und Konzepte sowie Konzepte aus der Wirtschaft wirksam für Organisationentwicklung genutzt werden können. Ich stelle dar, wie ich als Organisationsberaterin diese theoretische Basis für Konzeptualisierung, Interventionsplanung und -durchführung verwendet habe, um gemeinsam mit dem Kunden einen Veränderungsprozess einzuleiten und zu begleiten. Die für diese Fallstudie genutzten theoretischen Modelle sind an den entsprechenden Stellen aufgeführt und erläutert. Sie sind fallbezogen ausgewählt, erheben daher keinen Anspruch auf Vollständigkeit und sollen einen ergänzenden Blick auf Interventionen und die Organisation ermöglichen.

Eine klare ethische Haltung erlebe ich in der Beratungspraxis immer wieder als sehr hilfreich. Gleichzeitig ist im Alltäglichen oft wenig Raum, diese ausreichend reflektieren zu können. Im zweiten Teil gehe ich daher auf meine persönliche Haltung als Organisationsberaterin sowie die für mich wesentlichen Kernfragen zur Entwicklung einer eigenen ethischen Haltung ein.

1 Fallstudie

Meine Fallstudie bezieht sich auf eine mittelständische Stiftung, die ich nach einer Auftragsklärung auf den ersten Schritten im Rahmen eines wesentlichen Veränderungsprozesses der Gesamtorganisation zusammen mit dem Vorstand und den Bereichsleitern beraten und begleitet habe.

Nach allgemeinen Angaben und Informationen über den Kunden beschreibe ich den Kontext des erteilten Auftrags sowie daraus resultierende Vereinbarungen und Interventionsplanungen. Die Beschreibung zur Umsetzung beinhaltet eine chronologische Übersicht des Organisationsberatungsprozesses, die konkreten Interventionen und Inhalte sowie verschiedene Reflexionsschleifen im Prozess. Da die Begleitung der Organisation bis zum Zeitpunkt des Verfassens dieser Fallstudie angedauert hat, gebe ich anschließend einen Ausblick auf die weitere Arbeit mit der Organisation und fasse abschließend meine eigene Reflexion während des Prozesses in einer Schlussbemerkung zusammen.

1.1. Allgemeine Angaben und Informationen über den Kunden

Bei der Organisation handelt es sich um eine katholische Stiftung bürgerlichen Rechts, die in den Geschäftsbereichen Wohnen, Bauen und Beteiligungen sowie in der Entwicklung innovativer Produkte und Dienstleistungen regional tätig ist. Die Stiftung beschäftigt etwa 200 Mitarbeiter und ist den christlichen Grundwerten verpflichtet. Zweck der Stiftung ist eine angemessene und sozial vertretbare Verbesserung der Wohnungsversorgung.

Die zehnköpfige Geschäftsleitung besteht aus drei Vorständen und sieben Bereichsleitern, wobei jeder Vorstand ebenfalls eine Bereichsleitung (BL) innehat. Das Unternehmen strukturiert sich wie folgt:

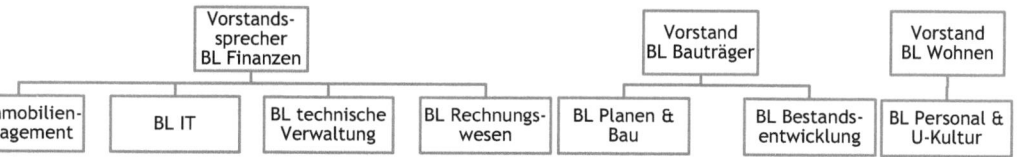

Abbildung 1: Organigramm der Geschäftsleitung der Kundenorganisation

Der Vorstandssprecher Herr R. ist seit 35 Jahren in der Stiftung tätig, davon seit 25 Jahren als Vorstandssprecher. Außerdem hat er die Bereichsleitung für den Bereich Finanzen inne und verantwortet die Bereiche Immobilienmanagement, IT, technische Verwaltung und Rechnungswesen. Mitte 2019 wird er aus Altergründen aus dem Unternehmen ausscheiden.

Der zweite Vorstand Herr B. übernimmt neben der Vorstandstätigkeit die Bereichsleitung für den Bereich Bauträger. Weiterhin ver-

antwortet er die Bereiche Planen und Bau sowie Bestandsentwick-
lung. Er ist seit 1987 in der Organisation tätig und wird Mitte 2020
das Unternehmen verlassen und in Rente gehen.

Herr F. ist Theologe und seit 15 Jahren im Vorstand der Stiftung.
Er übernimmt die Funktion des Bereichsleiters für den Bereich
Wohnen und ist außerdem für den Bereich Personal und Unterneh-
menskultur verantwortlich.

Der regionale Bau- und Wohnungsmarkt kann als Wachstumsmarkt
charakterisiert werden. Neben neuen Wohnungs- und Bauprojekten
ist die Organisation an zahlreichen Innovationsprojekten beteiligt,
wie beispielweise nachhaltigem und energieeffizientem Wohnungsbau oder der Verbesserung von Wohnen im Alter. Neben der guten
wirtschaftlichen Ausgangslage stehen dem Unternehmen zwei Per-
sonalwechsel auf Vorstandsebene bevor. Der Rekrutierungsprozess
für die Nachfolge hat bereits begonnen.

1.2. Kontext des erteilten Auftrags, Vereinbarung und Planung

Im folgenden Kapitel schildere ich zunächst den Kontext des erteilten Auftrags mit Bezug auf die Auftragsklärung sowie die Zielsetzung durch den Auftraggeber. Anschließend gehe ich auf die ge-
schlossene Vereinbarung unter Berücksichtigung der
Vertragsschließung sowie auf meine darauffolgende Konzeptualisierung und Interventionsplanung ein.

1.2.1. Beschreibung der aktuellen Situation durch den Vorstand

Der Kontakt zur Organisation kam auf Empfehlung eines anderen Kunden aus der gleichen Branche zustande, den meine Kollegen und ich bereits langjährig in verschiedenen Facetten seines Transformationsprozesses begleiten. Beide Organisationen kennen sich über Netzwerkkontakte und der Erstkontakt zur Stiftung entstand über die Bereichsleiterin Personal und Unternehmenskultur, die im Auftrag des Vorstands handelte. Im Folgenden fanden im Januar 2018 ein Kennenlernen sowie ein persönliches Auftragsklärungsgespräch vor Ort mit den drei Vorständen und mir statt.

Im persönlichen Gespräch schilderten die drei Vorstände die kürzliche Historie der Entwicklung, die aktuelle Situation des Unternehmens sowie ihre Zielvorstellung. Vor etwa drei Jahren wurden aufgrund zunehmender Unzufriedenheit in der Geschäftsleitung verschiedene Veränderungsprozesse angestoßen, die durch eine andere Unternehmensberatung begleitet wurden. Als Kernpunkte der Unzufriedenheit wurden die mangelnde Übernahme von Verantwortung, kein gemeinsames Verständnis von Kommunikation und Entscheidungsfindung sowie fehlender wertschätzender und vertrauensvoller Umgang miteinander genannt. Der Vorstand berichtete, dass in den letzten Jahren einige Veränderungen in der Zusammenarbeit im Vorstand stattgefunden haben, diese aber nicht als hinreichend empfunden werden. Es besteht Unklarheit darüber, wie die übrigen sieben Mitglieder der Geschäftsleitung den bisherigen Prozess und die aktuelle Situation wahrnehmen und bewerten. Außerdem scheint sich die eher abgrenzende Haltung des Vorstands gegenüber anderen Mitgliedern der Organisation auf die darunterliegende Ebene der Bereichsleiter verlagert zu haben.

Eine besondere Herausforderung besteht in der Rolle der Bereichsleiterin Personal und Unternehmenskultur. Sie war als externe Beraterin einer Agentur längere Zeit für die Stiftung in Organisationsentwicklungsaufgaben tätig, bevor sie Mitte 2016 in die Stiftung wechselte. Neben ihrer fachlichen Rolle hat sie ebenfalls interne

Prozesse moderiert. Kürzlich sei in verschiedenen Konflikten sehr deutlich geworden, dass diese Rollendiffusion nicht mehr tragbar ist, weshalb eine externe Moderation für den weiteren Prozess benötigt wird. Der Vorstand vermutet, dass aus dieser Rollendiffusion Konflikte zwischen den Bereichsleitern entstanden sind, konnte dies aber nicht konkretisieren.

Weiterhin werden Mitte 2019 bzw. Mitte 2020 zwei langjährige Vorstände das Unternehmen aus Altersgründen verlassen, was starke Verunsicherung in der Organisation hervorruft. Sowohl auf Geschäftsleitungsebene als auch auf der Ebene der Führungskräfte und Mitarbeiter ist die Nachfolge der beiden Vorstände ein wiederkehrendes und mit Sorge behaftetes Thema. Mit dem bereits gestarteten Rekrutierungsprozess soll bis Ende 2018 bzw. Ende 2019 je ein Nachfolger für die ausscheidenden Vorstände gefunden werden.

Als übergeordnetes Ziel wurde vom Vorstand die mittelfristige Planung und Umsetzung der verschiedenen inhaltlich-strategischen und kulturellen Herausforderungen aus einer gesamtheitlichen Perspektive heraus beschrieben. Insbesondere mit Blick auf die bevorstehenden personellen Veränderungen im Vorstand möchten die Vorstandsmitglieder die Geschäftsleitung zukunftsfähig ausrichten, um die erfolgreiche Geschäftstätigkeit und somit das Bestehen der Stiftung zu sichern. Dazu soll eine vertrauensvolle und wertschätzende Zusammenarbeit als Basis dienen und die personellen Veränderungen in der Führung unterstützen. Dieser eher umfassende und generalistische Auftrag war aus meiner Sicht ein früher Hinweis darauf, dass Unklarheiten im Gesamtbild sowie in den Zusammenhängen zwischen den Themen bestehen, worunter potenziell etwas Verdecktes liegen könnte.

1.2.2. Vertragsgestaltung

Der Vertragsarbeit kommt grundsätzlich und insbesondere im hier beschriebenen Fall eine hohe Bedeutung zu, da sich die Gesamtsituation der Stiftung mit geplanten personellen Veränderungen, Rollendiffusion, kirchlicher Prägung der Organisationskultur und Herausforderungen auf Beziehungsebene als komplex beschreiben lässt. Umso wichtiger ist mir daher, dass von Beginn an ein wirksamer Vertrag zustande kommt.

Das transaktionsanalytische Vertragsmodell ist grundlegend für die Interventionsplanung und Evaluation meiner Beratungsarbeit. Inhalte des Vertrags sind zum einen die Ziele, die mit der gemeinsamen Arbeit erreicht werden sollen, und zum anderen die konkrete Vorgehensweise, um zu diesen Zielen zu gelangen. Damit bietet der Vertrag für beide Seiten eine Rahmung und grundsätzliche Orientierungsmöglichkeit während des Beratungsprozesses und der Begleitung.

Für einen wirksamen Vertrag müssen verschiedene Voraussetzungen und Bedingungen geprüft werden:[1]

- „mutual consent": Gegenseitiges Einverständnis darüber, was durch die Arbeit erreicht werden soll

- „consideration": Leistung und Gegenleistung bzw. das Entgelt des Kunden

- „competency": die Vertragsfähigkeit des Auftraggebers (und gemäß Steiner auch die Zuständigkeit des Beraters)

- „lawful object": moralisch und gesetzliche Zulässigkeit des Ziels

In diesem Zusammenhang kommt immer wieder die Frage auf, was ein „gutes" Ziel ist. Für mich bedeutet eine valide Zielformulierung zum einen die Formulierung des Ziels als Zustand (so, wie es dann

---

[1] vgl. Steiner, C. (2005)

23

ist) anstatt des Vorgehens (das, was ich mir vornehme zu tun). Zum anderen ist es mir ein Anliegen, Ziele möglichst spezifisch, aktiv beeinflussbar und realistisch zu beschreiben. Daher steht für mich bei der Vertragsgestaltung die möglichst klare inhaltliche Zielbeschreibung im Fokus.

Schlegel schreibt, dass Berne zu Beginn einer Behandlung neben dem Behandlungsvertrag Wert auf die Zeit für den Patienten und auf das gegenseitige Kennenlernen legt, ebenso wie darauf, dass der Patient erfährt, was der Therapeut zu bieten hat.[2] Dies spiegelt sich in meiner Sicht und Erfahrung aus der Arbeit mit Organisationen wider: Ich empfinde als zielführender, zunächst die ersten klar definierten Interventionen zu vereinbaren und durchzuführen, um dann anschließend mit den gewonnenen Erkenntnissen eine neue Auftragsklärung durchzuführen. So verhielt es sich auch im geschilderten Fallbeispiel: Die erste Intervention in Form eines Workshops wurde geplant und durchgeführt, woraus sich neue Aspekte und Ziele ergaben, die in einer zweiten Auftragsklärung besprochen und vereinbart wurden.

Im ersten gemeinsamen Gespräch äußerte der Vorstand den Wunsch, dass als ersten Schritt auf dem Weg zum definierten Ziel einmalig ein zweitägiger Workshop mit den Mitgliedern der Geschäftsleitung stattfinden soll. Dies war der alleinige Bestandteil der ersten Beauftragung. Als Inhalt der beiden Tage wurde vereinbart, im Rahmen einer Standortbestimmung ein gemeinsames Verständnis über die bisherige Entwicklung der Stiftung, die aktuelle Situation sowie sich daraus ergebende Handlungsfelder zu entwickeln. Über diese Auseinandersetzung soll ein erster Ansatzpunkt für Zusammenarbeit und Vertrauen geschaffen werden. Ziel ist es dabei, einen Bildabgleich über die beschriebenen Aspekte vorzunehmen, in der Auseinandersetzung damit mehr Kontakt entstehen zu lassen und die weitere Vorgehensweise innerhalb der Geschäftsleitung zu vereinbaren. Im Gespräch habe ich deutlich gemacht,

---

[2] vgl. Schlegel, L. (2002), S. 19

dass die Lösung der vielfältigen Herausforderungen nach meiner Einschätzung nicht in zwei Workshoptagen leistbar ist und einen Ausblick darauf gegeben, dass sich nach der Standortbestimmung ggf. ein weiterer Prozess anschließen kann – unabhängig davon, ob und wer diesen Prozess begleitet.

Diese Aspekte wurden gemeinsam diskutiert und von beiden Seiten akzeptiert. Alle drei Vorstände habe ich im Gespräch als offen und neugierig wahrgenommen. Die gewünschten Veränderungen der Auftraggeber haben sich mir als authentisch und ohne verdeckte Motive dargestellt. Die Auftraggeber berichteten aus meiner Sicht reflektiert über ihren Einflussbereich, den sie innerhalb der Stiftungskonstellation haben, und auch die Grenzen dieses Bereichs, die in manchen Themen von Stiftungsrat oder Erzdiözese vorgegeben werden. Ich habe eine deutliche Kompetenzvermutung meiner Person gegenüber wahrgenommen, was u.a. auch auf die Referenz zurückzuführen ist. Meine Gesprächspartner haben mir ihre Situation mit viel Offenheit und Reflexion geschildert, inklusive vergangener Managementfehler und Fehlentscheidungen. Hier deutete sich für mich kurz eine eher angepasste Haltung an, dieser Eindruck verflüchtigte sich im weiteren Gesprächsverlauf jedoch.

Aus meiner Sicht waren damit die wesentlichen Voraussetzungen für einen Vertrag gegeben: gegenseitiges Einverständnis über das Ziel der Arbeit, Klärung von Leistung und Gegenleistung, Vertragsfähigkeit des Auftraggebers, moralische und gesetzliche Zulässigkeit. Die vereinbarten Inhalte und Rahmenbedingungen habe ich in einem schriftlichen Angebot zusammengefasst, welches vom Kunden angenommen wurde.

1.2.3. Konzeptualisierung nach Auftragsgespräch

Zur Konzeptentwicklung des geplanten Workshops sowie zur Einordnung der beschriebenen Eindrücke habe ich im Wesentlichen drei transaktionsanalytische Modelle genutzt, die nachfolgend beschrieben sind. Eins davon habe ich zur expliziten Vorstellung und Reflexion darüber für den Workshop geplant, die anderen habe ich implizit genutzt. Aus meiner Erfahrung ist es weniger die Anzahl der Modelle, die zur Reflektion und Analyse einer Situation hilfreich ist, sondern die wirkliche und tiefgründige Durchdringung eines oder zweier Modelle. Vor dem Hintergrund eines zweitätigen Workshops habe ich mich daher für ein explizites Modell entschieden, mit dem Ziel, ausreichend Zeit für Reflexion nutzen zu können.

Aus dem ersten Auftragsklärungsgespräch war es für mich zwar möglich, Hypothesen über die Organisation und deren Dynamiken zu bilden; diese bedürfen aber weiterer Exploration und Validierung im Rahmen des geplanten Workshops.

Folgende Modelle habe ich zur Konzeptualisierung genutzt:

1. Das Modell der Gruppenkräfte und Gruppenarten nach Berne (explizit geplant)

2. Autonomiemodell nach Berne (implizit)

3. Modell der Grundhaltung nach Harris sowie Übertragung dessen auf Organisationen (implizit geplant)

Modell der Gruppenkräfte und Gruppenarten

Das Modell von Berne zu Struktur und Dynamik von Organisationen eignet sich aus meiner Erfahrung gut, um Organisationen zu beschreiben. Dabei handelt es sich ursprünglich um insgesamt sechs Modelle: die manifeste Struktur, die verborgene Struktur, die Strukturbedingungen, die Entwicklung der Gruppe, die Autoritätsbedingungen und die Dynamik der Gruppe. Im Folgenden werden ausschließlich die relevanten Ausschnitte der Modelle beleuchtet.

Berne hat die öffentliche Struktur von Gruppen wie folgt beschrieben:[3]

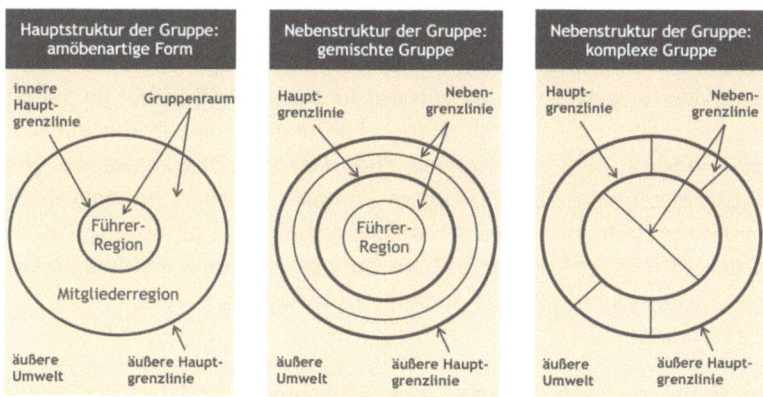

Abbildung 2: Struktur von Gruppen nach Berne (eigene Darstellung)

Eine Gruppe ist demnach definiert als ein Sozialaggregat mit einer äußeren und mindestens einer inneren Grenzlinie. Daraus ergibt sich, dass es Mitglieder von Gruppen und Nichtmitglieder gibt, ebenso wie Mitgliedschaft und Führerschaft innerhalb von Gruppen. Aus dem Modell geht implizit auch hervor, dass es keine führungslosen Gruppen gibt. [4]

Explizit schreibt Berne: „Bei diesem Klassifizierungssystem ist es nicht erforderlich, zwischen Gruppen und Organisationen eine klare Trennungslinie zu ziehen. Eine solche Unterscheidung mag sich gelegentlich für Diskussionszwecke als dienlich erweisen, sie ist jedoch keine theoretische Notwendigkeit." [5] Dies bedeutet in Konsequenz, dass die wesentlichen Erkenntnisse der Gruppentheorie von Berne auch auf Organisationen übertragbar sind.

---

[3] vgl. Berne, E. (1979), S. 91 ff.
[4] vgl. Berne, E. (1979), S. 86
[5] vgl. Berne, E. (1979), S. 88

Die Trennung der äußeren Umwelt von der Organisation stellt die äußere Grenzlinie dar, während die Unterteilung der Organisation in Führung und Mitgliedschaft von der inneren Hauptgrenzlinie repräsentiert wird. In gemischten Gruppen bestehen nach Berne unterschiedliche Kategorien von Führung und Mitgliedern, die durch vertikale Nebengrenzlinien verdeutlicht werden. Darüber hinaus ist die Darstellung unterschiedlicher Führungsebenen in diesem Modell möglich, z.B. Vorstandsebene, Geschäftsleitungsebene und Mitarbeiterebene. Sind Gruppen komplex, können Nebengrenzlinien innerhalb von Führerschaft und Mitgliedern bestehen, was im organisationalen Kontext z.B. Verantwortung für verschiedene Organisationseinheiten oder auch die Unterteilung in Abteilungen bedeuten kann.

Im Weiteren kann zwischen zwei verschiedenen Arten von Gruppenkräften unterschieden werden. Gruppenkräfte stellen eine Bedrohung für die organisatorische Struktur von Gruppen dar und gefährden somit ihr effektives Überleben[6]:

Die erste Art von Gruppenkräften stellen Angriffe auf die äußere Grenzlinie der Organisation dar (Angriffe „von extern"): Für Organisationen können sich Angriffe von außen als Druck vom Markt oder als veränderte Markt- oder Rahmenbedingungen manifestieren, die die Organisation bedrohen oder ihre Existenz gefährden.

Die zweite Art von Gruppenkräften manifestiert sich in Angriffen auf die innere Hauptgrenzlinie der Organisation (Angriffe „von intern"): Diese Angriffe können sich auf zwei Arten ausdrücken: zum einen als Rebellion (Agitation gegen die Führung, im Rahmen der Auseinandersetzung mit Leitung) oder als Revolution (erwachsene Auseinandersetzung mit dem Führungsanspruch). Beispiele aus Or-

---

[6] vgl. Berne, E. (1979), S. 108-111

ganisationen sind die Auseinandersetzung mit inkongruenten Ziel-
systemen, Machtkämpfe zwischen verschiedenen Parteien bis zu
„Politik" und „politischen Spielen".

Die Auseinandersetzung an der Nebengrenzlinie kann sich in Form
einer Intrige sowie als individuelle Neigungen zeigen und ist von
der Intensität und Dynamik der Auseinandersetzung abhängig. In
Organisationen zeigen sich diese Dynamiken beispielsweise in Rol-
lenunklarheiten, in Konflikten an schnittstellenübergreifenden
Funktionen oder in der Durchsetzung von Machtansprüchen gegen
andere Mitglieder.

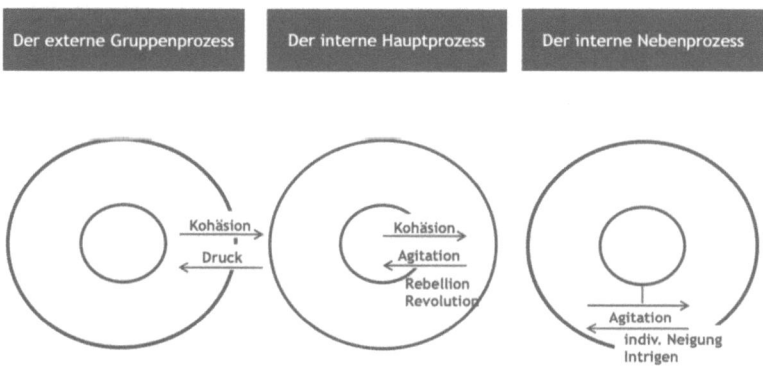

Abbildung 3: Gruppenkräfte nach Berne (eigene Darstellung)

Die Energie, die eine Gruppe in die Aufrechterhaltung der bestehenden Struktur investiert und somit dem jeweiligen Angriff von
außen oder von innen entgegenstellt, nennt Berne Gruppenkohäsion. Dabei beschreibt er den Grad der Kohäsion als davon charakterisiert, inwieweit eine Gruppe in der Lage ist, eine messbare Ar-
beitsleistung gegen die Opposition zu vollbringen. [7] In

---

[7] vgl. Berne, E. (1979), S. 111

Organisationen obliegt es der Führung, diese Gruppenkohäsion zu entwickeln und zu stärken.

Je nach Art des Angriffs und der Energie, die auf die Aufrechterhaltung der Gruppe verwendet wird, ergeben sich unterschiedliche Arten von Gruppen:

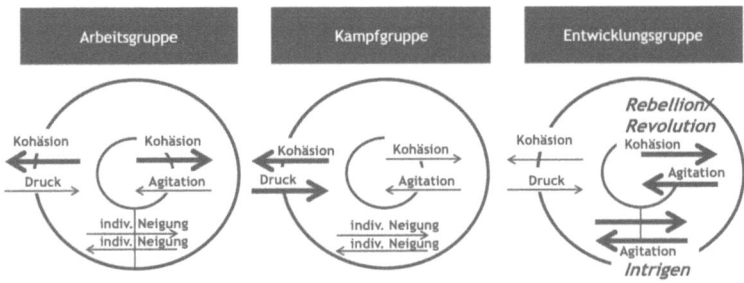

Abbildung 4: Primäre Gruppenarten nach Berne (eigene Darstellung)

In einer Arbeitsgruppe besteht zunächst grundlegend eine stabile Situation, da die Energie und Aufmerksamkeit gleichermaßen nach innen und außen gerichtet ist und sich in Balance befindet. Die kohäsiven Kräfte sind deutlich größer als die gruppengefährdenden Kräfte, sowohl innerhalb der Gruppe als auch nach außen. Die Arbeitsgruppe kann sich somit auf die eigentliche Aufgabe i.S.v. schöpferischen oder kreativen Tätigkeiten fokussieren.

Die Kampfgruppe fokussiert ihre Energie auf die äußere Hauptgrenzlinie, um die eigene Struktur der Gruppe nach außen aufrecht zu erhalten. Das Spannungsfeld entsteht in der Begegnung von kohäsiven Kräften, die aus der Gruppe nach außen gerichtet sind, und Druck von außen, der das Überleben der Gruppe gefährdet. In solchen Situationen ist der Zusammenhalt gegenüber des „gemeinsamen Feindes" gefordert.

In der Entwicklungsgruppe konzentriert sich die investierte Energie auf das „innen", um die eigene innere Struktur aufrecht zu erhalten. Hier entsteht die Spannung zwischen den gruppengefährdenden Kräften, die aus der Gruppe selbst kommen und der kohäsiven Kraft, die dem entgegensteht. Um das Überleben der Gruppe zu sichern, ist gefordert, die Aufmerksamkeit auf die Gruppe selbst zu lenken, d.h. sich als Gruppe mit sich selbst zu beschäftigen.

Die Gruppenmodelle von Eric Berne nutze ich für eine erste Verortung der Organisation sowie als Basis für die weitere Interventionsplanung. Wenn dieses Modell zur expliziten Arbeit mit dem Kunden genutzt wird, ergeben sich oft interessante Erkenntnisse daraus, inwiefern die Wahrnehmung der aktuellen Situation zwischen den Führungskräften oder Führungsebenen divergieren oder ähnlich sind.

Nach den Schilderungen des Vorstands konzeptualisiere ich die aktuelle Situation der Stiftung wie folgt:

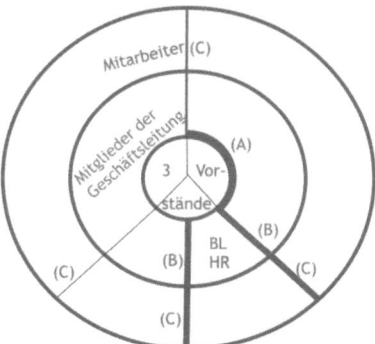

Abbildung 5: Eigene Darstellung der Kundenorganisation im Gruppenmodell

Die drei Vorstände übernehmen formal die Leitung, wobei ich nach den Schilderungen über zu geringe Verantwortungsübernahme der Bereichsleiter und die Zuordnung der einzelnen Bereiche zu jeweils einem Vorstand, vermute, dass die innere Hauptgrenzlinie teilverhärtet ist (A). Etwas eindeutiger stellt sich für mich die Verhärtung der inneren Nebengrenzlinie zwischen der Bereichsleiterin Personal und Unternehmenskommunikation (BL HR) zu den anderen Bereichen dar (B). Nach den Schilderungen der Geschäftsführung ist es wahrscheinlich, dass auch zwischen weiteren Bereichen bzw. Bereichsleitern Abgrenzungen i.S.v. Intrigen bestehen, die zu Fragmentierungstendenzen der Gruppe der Geschäftsleitung führen. Weiterhin habe ich die Hypothese, dass sich die Verhärtungen und Fragmentierungen innerhalb der Geschäftsleitung potenziell auf die darunterliegende Ebene der Mitarbeiter bzw. Teamleiter übertragen haben (C). Inwiefern auch agitative Tendenzen gegen den Vorstand bestehen, ist für mich nach dem Auftragsklärungsgespräch noch unklar. Ich vermute, dass auch an der inneren Hauptgrenzlinie Konflikte bestehen. Meine Hypothese ist, dass die kohäsiven Kräfte der Geschäftsleitung insgesamt eher gering ausgeprägt sind, was zu eben jenen inneren Konflikten führt. Ich sehe eine Stärkung der Kohäsion innerhalb der Geschäftsleitung als wichtig an, um zum einen die Organisation im Inneren zu stabilisieren. Zum anderen erscheint es mir trotz derzeitigem Wachstumsmarkt sinnvoll, sich mit dem Aufbau innerer Kohäsion gut auf potenziellen Druck von außen, z.B. von Markt und Wettbewerb, vorzubereiten, um dann im Bedarfsfall schnell reagieren zu können. Dies bedeutet für den Abbau von Verhärtungen und den Aufbau von Kohäsion, dass eine Stärkung des Kontakts zueinander sowie die Auseinandersetzung mit sich selbst für die Gruppe hilfreich sein kann.

Ebenso wie das Modell der Gruppenkräfte sind die Gruppenarten aus meiner Erfahrung für viele Kunden intuitiv schnell erfassbar, weshalb ich eine weiterentwickelte Darstellung der drei Gruppenarten nach Berne verwende. So kann ich die eigene Verortung einer Organisation schnell und unkompliziert unterstützen.

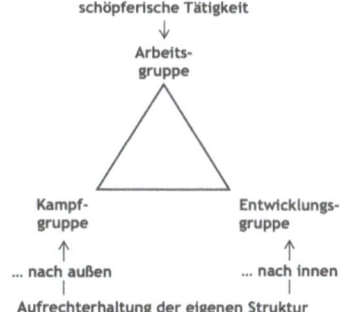

Abbildung 6: Verortung von Gruppen anhand der Gruppenarten

Aus den Schilderungen des Vorstands ergab sich für mich, dass eher wenig Druck von außen auf die Organisation wirkt (Wachstumsmarkt). Vielmehr besteht ein erheblicher Druck von innen, der sich in bestehenden Spannungen zwischen Abteilungen bzw. Bereichsleitern, also entlang der inneren Haupt- und Nebengrenzlinien zeigt. Insgesamt steht die Aufrechterhaltung der eigenen Struktur nach innen im Fokus, sodass die Energie nach innen gerichtet ist. Entsprechend verorte ich die Stiftung wie folgt:

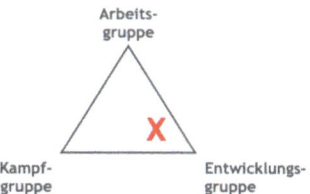

Abbildung 7: Verortung der Kundenorganisation

Dies macht mir deutlich, dass für die Organisation die Auseinandersetzung mit sich selbst hilfreich sein kann, um sich perspektivisch Richtung Arbeitsgruppe entwickeln zu können. Hier wird für mich die Notwendigkeit einer kulturellen Veränderung im Sinne funktionsübergreifender und vertrauensvoller Zusammenarbeit deutlich. Daher schließen sich für mich die Modelle der Autonomie sowie der Grundhaltungen an, die Aufschluss über die Veränderungsfähigkeit der Organisation sowie die Beziehungsgestaltung innerhalb der Organisation geben können.

Modell der Autonomie

Das Modell der Autonomie erachte ich als gut geeignet, um den Status einer Organisation im Hinblick auf deren Fähigkeit, mit Veränderung umzugehen, einschätzen zu können. Weiterhin kann es auch genutzt werden, um im Verlauf eines Entwicklungsprozesses Veränderungen und Fortschritte zu erfassen. Hierzu können Fragen dienen, wie z.B.: Inwieweit ist (mehr) Bewusstheit entstanden? Inwieweit haben sich fixierte und starre Sicht- und Handlungsweisen gelöst und erweitert? Und wie hat sich die Zusammenarbeit entwickelt?

Im Rahmen der Begriffsbedeutung beschreibt Autonomie gleichzeitig Weg und Ziel[8] . Auch wenn das Modell der Autonomie ursprünglich von Berne als Modell zur persönlichen Entwicklung formuliert wurde, lässt es sich meines Erachtens nach auch auf soziale Systeme übertragen und verbindet somit die Transaktionsanalyse mit einer systemischen Perspektive.

Nach Berne zeigt sich Autonomie durch die Freisetzung oder Wiedergewinnung von drei Fähigkeiten: Bewusstheit, Spontaneität und Intimität.[9]

---

[8] vgl. Hagehülsmann, U. & H. (2007), S. 14
[9] vgl. Berne, E. (1970), S. 287-292

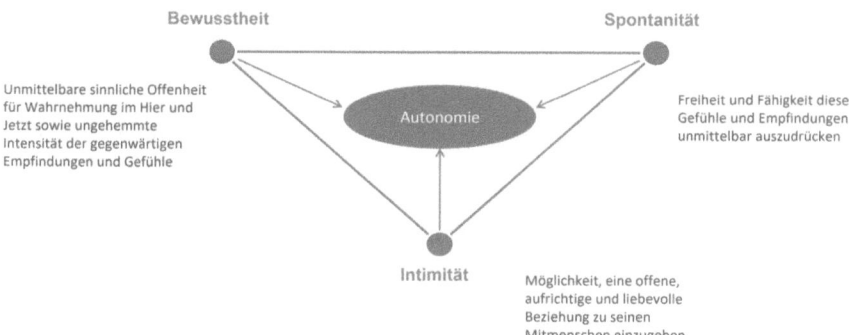

Bewusstheit

Spontanität

Unmittelbare sinnliche Offenheit
für Wahrnehmung im Hier und
Jetzt sowie ungehemmte
Intensität der gegenwärtigen
Empfindungen und Gefühle

Autonomie

Freiheit und Fähigkeit diese
Gefühle und Empfindungen
unmittelbar auszudrücken

Intimität

Möglichkeit, eine offene,
aufrichtige und liebevolle
Beziehung zu seinen
Mitmenschen einzugehen

Abbildung 8: Eigene grafische Darstellung der Aspekte von Autonomie

Für den organisationalen Kontext hat Vogelauer im Rahmen des Autonomiemodells folgenden Begrifflichkeiten verwendet:[10]

- Effektivität steht für die Bewusstheit von Organisationen. Konkret bedeutet das beispielsweise eine gute Organisation von Unternehmensaufgaben oder die optimale Ausrichtung der Organisation im Hinblick auf ihren Unternehmenszweck. Dies umfasst auch Aspekte wie Leitbild, Ziele und Zielbild, Klarheit der Umfeldbedingungen und Marktanforderungen sowie Veränderungsmaßnahmen.

- Flexibilität entspricht der Spontaneität im Modell von Berne, d.h. in Situationen flexibel auf die geforderten Bedarfe zu reagieren und nachhaltige Ideen und Problemlösungen zu entwickeln. Dies beinhaltet auch, Ereignisse im Hier und Jetzt offen und unvoreingenommen wahrnehmen und sich damit auseinandersetzen zu können (z.B. Bedarfsermittlung bei Kunden, Neues und Kreatives in der Arbeit, lösungsorientierter Einsatz, Ausrichten auf äußere Einflüsse etc.).

---

[10] vgl. Vogelauer, W. (1999)

- Zusammenarbeit(skultur) als Maß von Nähe und Distanz und somit als Entsprechung der Intimität. Hiermit sind u.a. Nähe, Vertrauen und Offenheit für Austausch und Beziehung sowie für den Ausdruck von Gedanken und Gefühlen gemeint, die entweder von mir selbst oder von anderen kommen können. In der Organisation zeigt sich die Zusammenarbeitskultur in der Offenheit und Transparenz, in Rückmeldungen und Kritik sowie in Wertschätzung und der Gestaltung von Gesprächen.

Vogelauer verweist dabei auf die diagnostische Eignung, da sich diese Aspekte sehr gut fragend bzw. im Austausch mit Mitarbeitern von Organisationen explorieren lassen[11]. Den Begriff der Effektivität im Zusammenhang mit Autonomie empfinde ich als weniger anschlussfähig in Organisationen, da mit dem Begriff häufig Aspekte der Wirksamkeit konnotiert sind. Hier würde ich auch im organisationalen Kontext den Ausdruck der Bewusstheit bevorzugen.

Aus den Schilderungen der drei Vorstände habe ich für mich die Aspekte der Autonomie wie folgt festgehalten:

- Bewusstheit: Die eingeschränkte Bewusstheit war Teil der Ausgangslage des Auftrags. Sowohl zwischen den drei Vorständen als auch innerhalb der Geschäftsleitung bestand kein gemeinsames Bild darüber, welche Entwicklungen die Organisation in den letzten Jahren genommen hat oder wo die Organisation aktuell steht. Der Vorstand vermutet, dass deutlich effektiver gearbeitet werden könnte, wenn mehr Bewusstheit über gemeinsame Ziele und Aufgaben vorhanden wäre. Weiterhin nehmen die Störungen in der Beziehungsgestaltung deutlichen Einfluss auf die Effektivität der Stiftung. Wie die Bewusstheit darüber bei den weiteren Mitgliedern der Geschäftsleitung ausgeprägt ist, ist unklar. Weiterhin ist das perspektivische Ausscheiden

---

[11] vgl. Vogelauer, W. (1999), S.112

zweier Vorstände zwar oberflächlich bewusst und es wurden auch Maßnahmen zur Nachbesetzung eingeleitet. Die Bedeutungsebene für die Gesamtorganisation wird jedoch nur ausschnittsweise beleuchtet.

- Flexibilität / Spontaneität: Ich vermute, dass die Spontaneität der Organisation i.S. flexibler Handlungsoptionen bei verschiedenen Situationen ebenfalls eingeschränkt ist. Ich nehme an, dass Teile der Beziehungsgestaltung eher programmatisch und somit musterhaft ablaufen, was zur Verhärtung von Konflikten führt. Das fehlende Vertrauen und die daraus resultierende mangelnde Austauschqualität verhindern eine gesamthafte Flexibilität im Sinne einer „lernenden Organisation"[12]. Das wirksame und nachhaltige Verankern von Veränderungen kann somit nicht gelingen. Neben der organisationsinternen Betrachtung spielt auch die Organisationsstruktur der Stiftung eine besondere Rolle: die Auseinandersetzung mit den organisationalen Kompetenzgrenzen in Bezug auf Stiftungsrat und Erzdiözese wurden im Auftragsklärungsgespräch auch als Argument für die organisationale Starrheit der Stiftung angeführt. Ich habe die Hypothese, dass sich die äußere Fixiertheit auch auf die Geschäftsleitung bzw. das Gesamtunternehmen übertragen hat.

- Zusammenarbeitskultur / Intimität: Aus organisationaler Sicht ist hiermit die Regulierung von Nähe und Distanz im Arbeitskontext, und somit die Zusammenarbeitskultur, zu verstehen[13]. Hier besteht nach meiner Ansicht das größte Defizit. Aus den vom Vorstand geschilderten Problemen innerhalb der Geschäftsleitung ergibt sich für mich ein Bild, aus dem ich auf eher gering ausgeprägte Nähe, Offenheit und Vertrauen schließe. Die Beziehungsgestaltung inner-

---

[12] vgl. Senge, P. (2011)
[13] vgl. Vogelauer, W. (1999)

halb der Geschäftsleitung ist eher von gegenseitiger Vorsicht und Misstrauen sowie ggf. Enttäuschungen aus alten Verletzungen geprägt. Dies leite ich zum einen aus den expliziten Worten im Gespräch ab. Zum anderen zeigte sich in der Art und Weise, wie über die bisherigen Veränderungen der letzten Jahre und vor allem über vorangegangene Führung gesprochen wurde, dass es unausgesprochene und verdeckte Aspekte von Verletzungen gibt. Insbesondere ein ehemaliges Vorstandsmitglied wurde in seinem Führungsstil als autoritär und cholerisch beschrieben. Auch nach 15 und mehr Jahren sind diese Erfahrungen durch die langjährige Zugehörigkeit vieler Mitarbeiter und Führungskräfte noch immer präsent.

Insgesamt habe ich die Hypothese, dass die Organisation stark in ihrer Autonomie eingeschränkt ist. Die Erkenntnis der mangelnden Bewusstheit und der Wunsch danach, die Bewusstheit zu erweitern, ist Ausgangspunkt des Auftrags. Gleichzeitig bedingen sich alle drei Aspekte der Autonomie: Durch das historisch vorhandene Misstrauen ist offener Austausch zu Gedanken und Gefühlen nicht möglich und verhindert somit eine organisationale Bewusstheit über die eigentlichen Problemstellungen sowie die Spontaneität im Sinne unternehmensweiter Lösungskompetenz.

Modell der Grundhaltungen

Das Modell der Grundhaltungen nutze ich in meiner beruflichen Praxis, um typische Beziehungskonstellationen in Unternehmen systemisch erfassen und transparent machen zu können. Unabhängig von der Prägung einzelner Personen besteht häufig eine organisationale Disposition für eine bestimmte Grundhaltung, die in starkem Zusammenhang mit der Organisationskultur steht.

Als Grundeinstellungen oder Grundhaltungen werden existenzielle Lebensanschauungen bezeichnet, die eine Aussage darüber treffen, wie ein Mensch sich selbst, die Anderen und die Welt bewertet. „OK-Sein" meint dabei, wertvoll, wichtig und willkommen im Leben zu sein. [14] Harris unterscheidet dabei vier Grundhaltungen[15], die entwickelt werden können:

-/+	+/+
(Ich bin nicht OK Du bist OK)	(Ich bin OK Du bist OK)
-/-	+/-
(Ich bin nicht OK Du bist nicht OK)	(Ich bin OK Du bist nicht OK)

Abbildung 9: Die vier Grundhaltungen (eigene Darstellung in Anlehnung an Ernst)[16]

Die individuelle Disposition für eine persönliche Grundhaltung wird dabei bereits sehr früh, etwa mit dem 2. bis 3. Lebensjahr eines Kindes, gebildet. [17] Ausschlaggebend für die Bildung der persönlichen Grundhaltung sind dabei die eigenen Erfahrungen bei der Suche nach Zuwendung sowie im Umgang mit Bedürfnissen, Interessen und Wünschen.[18] Die individuelle Grundhaltung legt die Basis für zwischenmenschliche Beziehungen und die Art und Weise, wie ich mit anderen Menschen kommuniziere. In der Transaktionsanalyse kommt der Grundhaltung «Ich bin O.K., du bist O.K.» ein hoher

---

[14] vgl. Hagehülsmann, U. & H. (2007), S. 147
[15] vgl. Harris, T. (2016)
[16] vgl. Ernst, F.-H. (1971)
[17] vgl. Harris, T. (2016)
[18] vgl. Hagehülsmann, U. & H. (2007), S. 147

menschlicher Wert zu, da sie mit keiner Entwertung anderer Menschen verbunden ist.[19]

Es wird davon ausgegangen, dass jeder Mensch eine persönliche Disposition für eine der vier Grundhaltungen hat. Gleichzeitig kann aber gerade in der Dynamik zwischenmenschlicher Beziehungen unterschiedliches Verhalten gezeigt werden, das situationsbezogen variieren kann. Dies bedeutet nicht, dass damit grundlegende Dispositionen verändert wurden, sondern zeigt lediglich, dass sich das Verhaltensrepertoire einer Person aus verschiedenen Grundhaltungen heraus speisen kann. Besonders in kritischen Situationen und solchen, die von Stress geprägt sind, überwiegt allerdings jene Grundhaltung, die bereits früh gebildet und so zu persönlichen Disposition entwickelt wurde. [20]

In der eigenen Entwicklung spielt auch die Bezogenheit zu Anderen und zur Welt eine Rolle: Eigene Entwicklung geschieht nie im luftleeren Raum, sondern immer auch in Abhängigkeit von der Umwelt. Dies kann in der eigenen Entwicklung zu Frust und Abwehrreaktionen führen, die eine Verstärkung der vorherigen Nicht-OK-Haltung hervorrufen können. Unter Berücksichtigung dessen formulierte Fanita English die fünfte Grundhaltung: „Ich bin ok, Du bist ok – realistisch". Diese basiert auf der Fähigkeit, das Erwachsenen-Ich einzusetzen, mit Frustration wirklichkeitsgerecht umzugehen und so illusionäre Erwartungen an uns selbst oder Andere zu vermeiden.[21]

Neben der individuellen Grundhaltung beobachte ich in der Praxis häufig, dass es auch eine Grundhaltung der Organisation geben kann, im Sinne einer Über-Summation oder Emergenz[22]. Wie im Fallbeispiel beschrieben, kann sich diese beispielsweise durch den

---

[19] vgl. Schlegel, L. (2011), S.229
[20] vgl. Hagehülsmann, U. & H. (2007), S. 151
[21] vgl. English, F. (2001)
[22] vgl. Schwing, R. & Fryszer, A. (2006)

Kontext und die Lernerfahrungen auf organisationaler Ebene bilden. Hat eine Organisation in der Zusammenarbeit mit überstellten Gremien immer nur die Erfahrung gemacht, „nicht ok" zu sein, kann sich dies – unabhängig von der persönlichen Disposition einzelner Mitarbeiter – auf das Gesamtunternehmen auswirken. Hiermit korrespondieren Aussagen von Mitarbeitern darüber „wie wir hier so sind" oder „wie es bei uns so ist". (s. Fallbeispiel „Bei uns ist es nie leicht"). Dies bedeutet wiederum für die Beziehungsgestaltung innerhalb der Organisation, dass sich andere Beziehungsmuster manifestieren können, als wenn sich zwei Personen aus dem Unternehmen ohne die Erfahrung des organisationalen Kontextes getroffen hätten.

Betrachtet man die Auswirkungen von Grundhaltungen, können sich in der Beziehungsgestaltung unterschiedliche Kombinationen und Muster ausprägen. Treffen beispielsweise zwei Menschen mit je einer +/- Haltung aufeinander, kann dies zum Machtkampf untereinander („Wer von uns beiden ist besser?") oder zu einer kritischen Ärgergemeinschaft i.S. der Verschwörung gegen die Welt („Wir sind besser als alle anderen") führen. Treffen hingegen zwei Personen mit je einer -/+ Haltung aufeinander, führt dies potenziell zu einer Konkurrenz hinsichtlich der gegenseitigen Versorgung („Wem von uns beiden geht es schlechter?") oder analog zur o.g. Konstellation zu einer unterwürfigen Leidensgemeinschaft („Allen anderen geht es besser" / „poor us"). Die dritte empirisch häufig beobachtete Kombination tritt auf, wenn eine Person mit einer +/- Haltung auf eine andere Person mit einer -/+ Haltung trifft. Dann kommt es in sehr vielen Fällen zu einer unangemessenen Übernahme oder Abgabe von Verantwortung.[23]

Alle drei Kombinationen sind in Organisationen gut beobachtbar und führen in der Regel früher oder später zu Konflikten. Auch wenn die z.T. über Jahre hinweg gut eingeübten Beziehungsmuster

---

[23] vgl. Langlotz, E.-R. (2015), S. 46 ff.; Schiff et al. (1975) sowie Hagehülsmann, U. & H. (2007), S. 212 ff.

scheinbar funktionieren, bleibt bei den Beteiligten oft ein Gefühl der Schräglage, das in der Bearbeitung von Themen der verbesserten Zusammenarbeit oder Veränderungen der Organisationskultur zu Tage tritt. Je nach persönlicher sowie organisationaler Grundhaltung können sich die daraus resultierenden Phänomene der Beziehungsgestaltung und Kommunikation entweder decken, konträr zueinanderstehen oder in einem Bereich dazwischen liegen. Damit kann es entweder zu verstärkenden oder frustrierenden Effekten kommen, die wiederum Ausgangspunkte für Schwierigkeiten in der Beziehungsgestaltung sein können.

Im persönlichen Gespräch habe ich den Vorstand im Kontakt mit mir weitestgehend mit einer OK-OK-Haltung wahrgenommen. Die bisherigen Entwicklungen sowie der notwendige Entwicklungsbedarf wurden weder unterwürfig / angepasst noch überheblich / dominant geschildert, was auf eine Nicht-OK-Haltung hätte hindeuten können. An einer Stelle wurde ein Hinweis auf eine Nicht-OK-Haltung i.S. der eigenen Abwertung sichtbar: Beim Berichten über die Zusammenarbeit mit dem Stiftungsrat bzw. der Erzdiözese fiel der Satz des Vorstandsprechers: „Bei uns geht es nie leicht.“. Die Stiftung ist christlich-katholisch geprägt, d.h. qua kultureller Prägung besteht die Prämisse zunächst schuldbeladen zu sein und für die von extern induzierte Erlösung – also das eigene OK-Sein – etwas tun zu müssen. Das bedeutet eine Einschränkung der organisationalen OK-Haltung i.S.v. „Ich bin nur okay, wenn...“. Dies korrespondiert auch mit den wahrgenommenen kulturellen Artefakten im Gebäude, wie z.B. dem alten Mobiliar oder den sehr in die Jahre gekommenen Sanitäreinrichtungen. Insbesondere vor dem Hintergrund, dass die Stiftung im Wohnungsbau tätig ist, scheint dies paradox. Unabhängig von der persönlichen Disposition Einzelner kann die vorläufige Hypothese formuliert werden, dass die Organisationskultur der Stiftung eher von einer -/+ Haltung geprägt ist. Dies kann sich in der Zusammenarbeit mit anderen Instanzen ebenso wie in der internen Zusammenarbeit zeigen. Für die Beziehungsgestaltung und typische Beziehungskonstellationen, insbesondere unter

der Berücksichtigung früherer Führungsstile, könnte dies bedeuten, dass sich aufgrund der Nicht-OK-Haltung Teile der Organisation eher selbst abwerten während andere Teile eher Andere abwerten. Ist dies der Fall könnten daraus eine Ungleichverteilung
von Verantwortung, Machtkämpfe, kritische Ärgergemeinschaften,
unterwürfige Leidensgemeinschaften oder fürsorgliche Versor-
gungskonflikte resultieren.[24] Welche Verhakungen in der Beziehungsgestaltung davon typischerweise in der Stiftung der Fall sind,
bleibt weiter zu explorieren.

Da ich für die Validierung dieser Hypothese weitere Exploration be-
nötigte, habe ich mich zur impliziten Arbeit mit dem Modell entschlossen. Weiterhin ist für die wirksame Auseinandersetzung mit
den Grundhaltungen ein Mindestmaß an Offenheit und Vertrauen in
der Gruppe erforderlich, was für das explizite Arbeiten mit dem
Modell im Hinblick auf den aktuellen Entwicklungsstand der Geschäftsleitung für mich zunächst kontraindiziert ist.

Perspektivisch geht es aus meiner Sicht in der Geschäftsleitung darum, eine OK-OK-Haltung zu entwickeln, so die Zusammenarbeit zu
verbessern und darüber den Geschäftserfolg sicherzustellen. Mittels des Vorlebens dieser Haltung könnte - ggf. trotz einschränken-
der Introjekte von anderen Instanzen - ein wesentlicher Einfluss
auf die Kulturentwicklung der Organisation genommen werden.

1.2.4. Interventionsplanung

Aus der Konzeptualisierung und den daraus resultierenden Hypothesen ergeben sich für mich die folgenden wesentlichen Ziele und
daraus mögliche Interventionen für erste Entwicklungsimpulse (s.
Abbildung 10). Die Beauftragung sieht einen zweitägigen Workshop

---

[24] vgl. Schiff et al. (1975) sowie Hagehülsmann, U. & H. (2007), S.212
ff.

mit dem Inhalt einer Standortbestimmung vor. Aufgrund der umfassenden Hypothesen ist deutlich, dass weder aus zeitlichen Gründen noch aus der inhaltlichen Vertragsvereinbarung alle Ziele und Interventionen an zwei Tagen gleichermaßen verfolgt und bewältigt werden können. Für mich deutete sich aus dem ersten Gespräch an, dass sich ein weiterer Prozess an den Workshop anschließen könnte. Unabhängig davon, ob ich selbst den weiteren Prozess begleite, war es mir ein Anliegen, eine möglichst vollständige Gesamtübersicht zu erstellen. So bin ich gut in der Lage, meinen Auftraggebern Orientierung auch i.S. weiterer hilfreicher Entwicklungsschritte zu geben.

Hypothese / Diagnose	Ziel der Interventionen zur Organisationsentwicklung
1. Teilverhärtungen und Fragmentierung in der Geschäftsleitung	Erhöhung der kohäsiven Kraft innerhalb des Vorstands sowie der Geschäftsleitung: Entwicklung der Autonomie sowie Förderung des Kontakts und des gemeinsamen Verständnisses für die strategische Ausrichtung der Stiftung innerhalb des Vorstands
2. Teilverhärtungen und Fragmentierung auf Mitarbeiterebene	Erhöhung der kohäsiven Kraft innerhalb der Geschäftsleitung: Entwicklung der Autonomie sowie Förderung des Kontakts und des gemeinsamen Verständnisses für Ziele der Stiftung

Hypothese / Diagnose	Ziel der Interventionen zur Organisationsentwicklung
3. Geschäftsleitung als Entwicklungsgruppe mit Fokussierung der Gruppenenergie auf die Aufrechterhaltung der eigenen inneren Struktur	Entwicklung der Geschäftsleitung hin zu einer Arbeitsgruppe: Verortung der eigenen Organisation und daraus folgend die Auseinandersetzung mit „sich selbst", z.B. Beziehungsdynamiken und Störfaktoren
4. Einschränkung der Bewusstheit über bisherige Entwicklungen und aktuellen Standort (Modell der Autonomie)	Erweiterung der Bewusstheit: Reflexion, Bildabgleich und Auseinandersetzung mit der bisherigen Entwicklung und dem aktuellen Standort
5. Einschränkung der Spontaneität i.S. musterhafter und nicht reflektierter Beziehungsgestaltung (Modell der Autonomie)	Erweiterung des Verhaltensrepertoires in der Beziehungsgestaltung: Reflexion über typische Verhaltensweisen und Erarbeitung von Alternativen (z.B. anhand von Grundhaltungen)
6. Einschränkung der Intimität i.S. unbewusst gesteuerter Nähe und Distanz (kein Vertrauen, keine Offenheit)	Aufbau von Vertrauen und Offenheit sowie Entwicklung von Steuerungskompetenzen zur Regulierung von Nähe und Distanz: Reflexion, Bildabgleich und Auseinandersetzung mit der

Hypothese / Diagnose	Ziel der Interventionen zur Organisationsentwicklung
	derzeitigen Art der Zusammenarbeit
7. Organisationale Prägung einer Nicht-OK-Haltung	Entwicklung einer OK-OK-Haltung (individuell und organisational): Dazu explizite Arbeit mit dem Modell der Grundhaltungen (Mindestmaß an Offenheit gefordert)

Abbildung 10: Übersicht der Hypothesen und Interventionsansätzen

Zur Entwicklung kohäsiver Kräfte innerhalb des Vorstands sowie der gesamten Geschäftsleitung tragen nach meiner Erfahrung folgende Punkte wesentlich bei:

- Entwicklung von Autonomie, sowohl individuell als auch organisational (Bewusstheit für Problemstellung, erwachsene Entscheidung für Handlungsoptionen, Regulierung von Nähe und Distanz)

- Entwicklung einer OK-OK-Haltung (menschliche Begegnung auf Augenhöhe)

- Gemeinsame Auseinandersetzungsprozesse und darüber Entwicklung eines gemeinsamen Verständnisses (Bildabgleich zur Entwicklung geteilter Wirklichkeit)

- Förderung von Kontakt zueinander durch den gemeinsamen Austauschprozess (Zeit miteinander verbringen, mehr übereinander erfahren)

Die Bedeutung von Kontakt sowie gemeinsamen Auseinanderset-zungsprozessen für die Entwicklung von organisationaler Hand-lungsfähigkeit wird auch von Hoffmann (2017) wie folgt gestützt: „Intersubjektivität entsteht durch Austauschprozesse und Zusam-menführung von Bedeutungshorizonten von Individuen, was zur Entwicklung einer geteilten Wirklichkeit führt und die Handlungs-fähigkeit des sozialen Systems erweitert."[25]

Für die Konzeption des Workshops standen für mich wesentlich die Interventionen 4 und 6 (Reflexion, Bildabgleich und Auseinander-setzung mit Entwicklung, Standort und Zusammenarbeit) im Fokus, weil ich die Entwicklung der Bewusstheit im Sinne eines gemeinsam geteilten Verständnisses für die Ausgangslage und die Problemstel-lung als grundlegende Basis für die gemeinsame weitere Ausrich-tung der Organisation erachte. Hierfür ist ein offener Austausch über potenziell unterschiedliche Bilder zur derzeitigen Situation hilfreich, welcher sich aus meiner Sicht am besten entfalten kann, wenn ein gewisses Maß an Vertrauen zueinander besteht. Die In-terventionen 5 und 7 sehe ich jeweils in einem zweiten Schritt, wenn über die Auseinandersetzung mit Interventionen 4 und 6 aus-reichend Vertrauen und Offenheit für die Arbeit mit Grundhaltun-gen entstanden ist.

Die Interventionen 1 und 2 zielen jeweils auf die Erhöhung der ko-häsiven Kräfte im Vorstand bzw. innerhalb der Geschäftsleitung ab. Dies ist klar ein perspektivisches Ziel und kann innerhalb von zwei Tagen maximal durch eine erste Auseinandersetzung mit den o.g. Punkten indirekt angearbeitet werden. Dazu kommen die bevorste-henden Wechsel auf Vorstandsebene, die die Entwicklung kohäsi-ver Kraft innerhalb des Vorstands erschweren könnte. Dies kann immer wieder mitgedacht werden, doch vermutlich ist hierzu ein wirklicher Aufsatz erst bei erfolgter Nachbesetzung möglich. Die Entwicklung von Kohäsion innerhalb der Geschäftsleitung, insbe-sondere der Bereichsleiter, kann hingegen schon früher erfolgen,

---

[25] vgl. Hoffmann, G.P. (2017), S. 82

wobei die Entwicklungsdynamik in der Praxis nicht klar voneinander zu trennen sein wird und Wechselwirkungen aufweisen kann.

Das 3. Ziel (Verortung der eigenen Organisation und daraus folgend Auseinandersetzung mit „sich selbst") stellte den inhaltlichen Fokus des Workshops dar:

In der Vorbereitung des Workshops habe ich konzeptionell als Intervention die explizite Arbeit mit dem Modell der Gruppenkräfte und Gruppenarten geplant. Die Geschäftsleitung sollte anhand der Darstellung eine eigene Standortbestimmung vornehmen und die bisherige Entwicklung darstellen. Dies sollte zunächst jeder Workshopteilnehmer individuell anhand eines Arbeitsblattes tun, um dann seine Darstellung und Gedanken dazu mit der Gruppe zu teilen. Über die so induzierte Auseinandersetzung mit der organisationalen Entwicklung und dem aktuellen Status Quo sollte ein Bildabgleich aller Mitglieder der Geschäftsleitung erfolgen, sodass ein gemeinsam geteiltes Verständnis zur aktuellen Situation der Stiftung entwickelt werden kann.

Entsprechend habe ich für den zweitätigen Workshop folgende Inhalte vorgesehen:

- Erarbeitung und Reflexion der Entwicklung der Stiftung in den letzten fünf Jahren bis heute unter individuellen und kulturellen Gesichtspunkten

- Austausch zu zukünftigen Entwicklungsfeldern und Ausrichtung

- Konsolidierung und Konkretisierung der Entwicklungsfelder

- Auseinandersetzung mit den verschiedenen Handlungsfeldern und Ableitung konkreter Maßnahmen sowie Treffen verbindlicher Vereinbarungen hierzu

- Verständigung auf die weitere Vorgehensweise

Im Bewusstsein darüber, dass meine Konzeptualisierung und Hypo-
thesenbildung auf einem einzigen persönlichen Gespräch mit dem
Vorstand basiert, wurde mir in der Vorbereitung auf den Workshop
deutlich, dass trotz geplanter Interventionen die Arbeit selbst hoch
prozessual erfolgen wird. Ich hatte ausführliche Informationen des
Vorstands über dessen Wahrnehmung der Situation erhalten.
Gleichzeitig blieben viele Aspekte implizit oder waren schlichtweg
nicht bewusst, wie z.B. Meinungen und Ansichten der Bereichsleiter. Für eine wirksame Arbeit wurde für mich klar, dass im laufenden Prozess wiederkehrend Konzeptualisierungen und daraus resul-
tierend ggf. neue Interventionen notwendig sind.

1.3. Umsetzung der Interventionen: Workshop zur
Standortbestimmung

Im Folgenden beschreibe ich die Umsetzung der Interventionen.
Aus dem ersten Workshop im Februar 2018 haben der Vorstand und
ich eine Folgebeauftragung vereinbart. Daher habe ich neben dem
bereits in der Auftragsklärung vereinbarten Reflexionstermin im
März 2018 außerdem eine schriftliche Zwischenreflexion für April
2018 sowie für Juni 2018 einen Folge-Workshop geplant. Die zeitliche Abfolge des Organisationsberatungsprozesses stellt sich wie
folgt dar:

Abbildung 11: Chronologischer Verlauf des Beratungsprozesses

49

Bereits zu Beginn des Workshops zur Standortbestimmung wurde für mich deutlich, dass die Arbeit mit der Gruppe hoch prozessual erfolgen muss, da ich mir unsicher war, ob die Bedürfnisse, die im persönlichen Gespräch offen besprochen wurden, bereits vollständig sind. Daher waren während der Durchführung immer wiederkehrende Reflexionsschleifen notwendig, um ggf. ergänzende Bedarfe der Geschäftsleitung aufnehmen und geplante Interventionen anpassen zu können. Um diesen Wechsel der Ebenen transparent zu machen, beschreibe ich folgend in chronologischer Reihenfolge jeweils wechselnd Sequenzen der Durchführung und der Reflexion.

1.3.1. Durchführung: Beginn und Erwartungsabfrage

In der Konzeptualisierung und Planung des Workshops habe ich mich zunächst zur expliziten Arbeit mit dem Modell der Gruppenkräfte und Gruppenarten nach Berne entschlossen. Nach meiner Erfahrung ist das Modell für Kunden gut erfassbar und bietet eine wirksame und effektive Möglichkeit zur Reflexion und Verortung. Dieser inhaltlichen Arbeit vorangestellt hatte ich als ersten Teil eine Erwartungsabfrage sowie eine narrative bzw. qualitative Erfassung der Entwicklung der Stiftung in den letzten Jahren geplant. Mein Ziel war es, damit potenziell weitere Bedürfnisse der Geschäftsleitung zu erfassen und mich selbst im Hinblick auf die konzeptualisierten Inhalte und geplanten Interventionen zu vergewissern. Gleichzeitig wollte ich die Teilnehmer an den Inhalt, den offenen Austausch und das Arbeiten im Workshopformat heranführen, da sie dieses aus der Vergangenheit nicht gewohnt waren. Daran anschließend habe ich einen kurzen Input zu den Gruppenkräften und Gruppenarten geplant, um dann in die explizite Arbeit und somit die Selbsterfahrung einzuleiten.

50

Nach einer ausführlichen Vorstellungsrunde stellte ich zu Beginn des Workshops die Agenda sowie die Zielsetzung anhand eines Bildes vor (s. Abbildung 12). Die unterschiedlichen Pfeile deuten dabei die potenziell unterschiedlichen Erfahrungen und Wahrnehmungen über die Vergangenheit an, was im Heute zu unterschiedlichen Standorten und Bildern über die Organisation führen kann. Zielsetzungen des Workshops sind Reflexion, Bildabgleich und Auseinandersetzung mit der bisherigen Entwicklung, dem aktuellen Standort und der Zusammenarbeit sowie eine erste Verständigung darüber, was das für die Zukunft bedeutet. Bei der Vorstellung der Agenda ergänzten die Teilnehmer, dass sie sich für das Morgen konkrete Vereinbarungen wünschen und die Haltung zueinander thematisieren möchten. An dieser Stelle zeigte sich mir bereits sehr früh im Prozess, dass zumindest einige Teilnehmer kompetent Auskunft über das eigentliche Entwicklungspotenzial der Gruppe geben konnten.

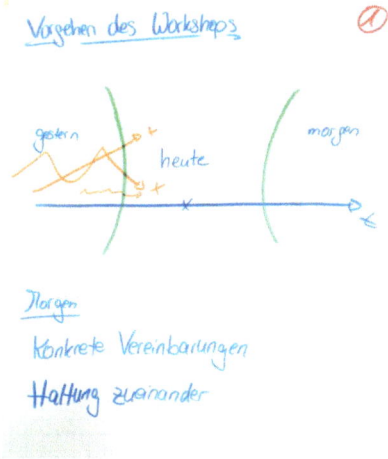

Abbildung 12: Agenda und Zielsetzung des Workshops

Daraufhin schloss ich mit den Teilnehmern einen Gruppenvertrag über die Inhalte und die Art der Zusammenarbeit. Anschließend formulierten die Teilnehmer ihre Erwartungen für den Workshop und stellten diese im Plenum vor. Die zehn Teilnehmer äußerten u.a. folgende Erwartungen:

- „Offenheit" (7x)
- „Vertrauen" (5x)
- „Verständnis" (4x)
- „Konflikte klären / besprechen" (4x)
- „Commitment / Verbindlichkeit" (3x)

In der Vorstellung ihrer Erwartungen nahmen die Teilnehmer immer wieder Bezug auf vorangegangene Konflikte und mangelndes Vertrauen in der Gruppe der Geschäftsleitung. Es wurde sehr klar und z.T. emotional geäußert, dass ein anderer Umgang miteinander gewünscht ist. Dieses Ergebnis machte aus meiner Sicht eine Veränderung der Interventionsplanung notwendig.

1.3.2. Erste Reflexion: Veränderung der Interventionsplanung

Die Ergebnisse der Erwartungsabfrage bestätigten zunächst meine Vermutung der Fragmentierung innerhalb der Geschäftsleitung. Die Verhärtung zur Bereichsleiterin Personal und Unternehmenskultur wurde nicht offen benannt, aber mehrfach angedeutet. Damit zeigte sich für mich, dass einige Aspekte von Kooperation nicht ausgeprägt waren. Gleichzeitig nahm ich wahr, dass eine hohe Sehnsucht nach Kohäsion in der Gruppe besteht, aber kein Wissen bzw. kein Bild darüber vorhanden ist, wie das gehen kann.

Die explizite Arbeit mit den Gruppenkräften und Gruppenarten nach Berne ist in meinem Denken u.a. eine Methode, die Gruppe zu verorten und die Sprachfähigkeit der Teilnehmer über die eigene Gruppendynamik zu erhöhen. Diese Verortung hat die Geschäftsleitung im Rahmen der Erwartungsabfrage bereits selbst vorgenommen, wenn auch mit anderen Worten. Ebenso habe ich die Teilnehmer sehr sprachfähig zu ihren Anliegen erlebt. Daher habe ich mich entschlossen, die Gruppenkräfte und -arten nicht explizit zu nutzen. Explizites Arbeiten damit hätte meiner Einschätzung nach eher dazu geführt, das bereits Beschriebene nochmal mit anderen Worten zu benennen und damit die hohe emotionale Energie der Gruppe sowie den starken Wunsch nach Veränderung zu bremsen. Oder aus dem Modell der Ich-Zustände heraus gesagt: Ich hatte den Eindruck, dass der Wunsch nach Veränderung in diesem Moment eher kindlich geprägt ist und sich nach fürsorglich-elterlichen Anteilen des Versorgt-Werdens sehnt. Ich sah eine Gefahr, mich in einen kritisch-elterlichen Zustand eingeladen zu fühlen, in dem ich mit dem Modell der Gruppe signalisiere, dass ihre eigenen Worte nicht okay sind und sie es mit den „richtigen" Worten sagen müssen. Aus heutiger Sicht hätte ich diesem Eindruck noch mehr Raum zur Exploration geben können, bevor ich mich zur impliziten Arbeit mit dem Modell der Gruppenkräfte und -arten entschieden habe. Zumal ich im Gespräch zuvor den oben geschilderten Eindruck hatte, dass der Wunsch nach Veränderung aus dem Erwachsenen-Ich stammt. Die explizite Arbeit mit dem Modell ist nach meiner Einschätzung nach wie vor eine gute Option, die ich ggf. im weiteren Prozess nutzen werde.

Außerdem habe ich weitere Hinweise zur Bestätigung meiner Hypothese über die eingeschränkte Autonomie der Organisation wahrgenommen: Es bestand zwar ein erhöhtes Bewusstsein dafür, dass es Schwierigkeiten innerhalb der Geschäftsleitung gibt. Gleichzeitig waren die Bilder darüber, worin genau die Schwierigkeiten bestehen, unterschiedlich ausgeprägt. Weiterhin bestand eher wenig Spontaneität i.S.v. Flexibilität für die Umsetzung verschiedener Handlungsalternativen und die Teilnehmer beschrieben selbst die Zusammenarbeit i.S.v. organisationaler Intimität als sehr eingeschränkt.

In der Art der Beziehungsgestaltung untereinander zeigten sich für mich erste Hinweise darauf, dass einige Teilnehmer den Anderen aus einer Nicht-OK-Haltung begegneten. Dies habe ich eher subtil erlebt, beispielsweise an Blicken untereinander, die ich als abwertend wahrgenommen habe, oder an scheinbar lustigen Kommentaren, die mir doppelbödig erschienen. Zu diesem Zeitpunkt wurde vieles zwar nicht ausgesprochen, aber eben dieses Verbergen der wirklichen Emotionen und Themen deutete bei einigen auf Selbstabwertung bzw. Selbsterhöhung hin.

Für eine möglichst wirksame Intervention entschied ich mich, ressourcenorientiert mit dem Modell „Fünf Dysfunktionen eines Teams" von Lencioni zu arbeiten[26].

1.3.3. Durchführung: Arbeit mit fünf Dysfunktionen des Teams

Das Modell geht davon aus, dass die Entwicklung eines Teams in fünf Stufen geschieht, wobei die jeweils vorangegangene Stufe die Voraussetzung für das Erreichen der nächsten Stufe ist. Wenn Teams nicht effektiv und kooperativ zusammenarbeiten, kann die Ursache auf unterschiedlichen Ebenen von Dysfunktionalität liegen. Die pyramidenförmige Darstellung des Modells verweist dabei auf die wechselseitige Abhängigkeit der Ebenen. Demnach ist Vertrauen die Voraussetzung für Konfliktfähigkeit, die wiederum Voraussetzung für Verbindlichkeit ist. Ist Verbindlichkeit gegeben, kann Verantwortung übernommen werden und dann gemeinsame Ziele verfolgt bzw. erreicht werden.

---

[26] vgl. Lencioni, P. (2002)

Zur Entwicklung eines „funktionierenden" Teams kann dabei von der untersten zur obersten Ebene gearbeitet werden. Geht man dabei die Ebenen von unten nach oben durch und stößt auf eine erste Dysfunktionalität, sind mittels entsprechender Interventionen, die diese Ebene adressieren, Entwicklungsmaßnahmen einzuleiten. Anschließend erfolgt die Bearbeitung der darüberliegenden Ebene. Ähnlich wie im Modell der Abwertungen wird auch hier davon ausgegangen, dass ein Team oder eine Gruppe erst die nächsthöhere Stufe bzw. Ebene erreichen kann, wenn die Unstimmigkeiten oder Unklarheiten auf den darunterliegenden Ebenen geklärt sind.

Abbildung 13: Fünf Dysfunktionen eines Teams nach P. Lencioni

Das Modell und die geschilderte Vorgehensweise stellen einen Gegenentwurf zu der weit verbreiteten managerialen Meinung dar, es müsse „von oben" begonnen bzw. gearbeitet werden. Dies ist insbesondere vor dem Hintergrund bemerkenswert, dass Patrick Lencioni als Managementberater großer Konzerne tätig ist. Folgt man der Perspektive „von oben", würde dies bedeuten, dass klar definierte Ziele zur Bereitschaft zur Übernahme von Verantwortung führen, wodurch wiederum Verbindlichkeit in der Bearbeitung von Aufgaben entsteht, was die Fähigkeit zur offenen Auseinandersetzung und Vertrauen aufbaut.

In diesem Fall wäre die Vorgehensweise nicht sinnvoll gewesen, da in der Organisation nicht ausreichend Vertrauen vorhanden war, um über bestehende Konflikte zu sprechen, wodurch sich keine Verbindlichkeit in der Bearbeitung von Aufgaben und keine Verantwortungsübernahme entwickelt hat und so die klar definierten Ziele nicht erreicht wurden. Im Rahmen von Auftragsklärungen begegnet mir diese manageriale Haltung häufiger und es wird geäußert: „Wir haben die Ziele doch ganz klar beschrieben; alle müssten wissen, worum es geht. Dennoch macht keiner etwas."

Obwohl Lencioni das Modell als Teammodell entwickelte, kann es bei erkennbaren Mustern oder Dynamiken auch auf den Organisationskontext übertragen werden. Beispielhafte Ansatzpunkte, wie aus der Perspektive der Organisationsentwicklung mit den Dysfunktionalitäten umgegangen werden kann, können wie folgt dargestellt werden:

Abbildung 14: Ansatzpunkte zur Organisationsentwicklung (eigene Darstellung)

Für die explizite Verwendung des Modells im Rahmen des Workshops sprach, dass bereits drei der fünf Dysfunktionen von den Teilnehmern explizit benannt wurden (Vertrauen, Konfliktfähigkeit / Auseinandersetzungsfähigkeit, Verbindlichkeit) und eine weitere Dysfunktion implizit geäußert war (Verantwortung). Mein Ziel war es, über das Arbeiten mit den Worten der Teilnehmer, diese aus meinem Erwachsenen-Ich heraus zu befähigen, selbst aus der kindlich-sehnsuchtsvollen Haltung herauszutreten und in ihr eigenes Erwachsenen-Ich und damit ihre Potenz zu kommen – also einen Ich-Zustandswechsel zu induzieren. In diesem Modell konnte sich die Gruppe ebenso selbst verorten, um dann über einen Bildabgleich dazu zu arbeiten, was es aus ihrer Sicht für die genannten Aspekte braucht.

Ich habe das Modell der fünf Dysfunktionen eines Teams in ressourcenorientierter Weise vorgestellt, d.h. mich darauf bezogen, was es für eine gute Zusammenarbeit braucht und welche Voraussetzungen jeweils für die nächste Stufe gegeben sein müssen, anstatt, wie von Lencioni ursprünglich dargestellt, die Defizite aufzuzeigen.

In meinem Denken ist ein ressourcenorientiertes Vorgehen hilfreicher, um einen Entwicklungsprozess zu induzieren, da so der Fokus
auf ein Zielbild gerichtet wird anstatt retrospektiv auf die Entste-
hungshistorie von Defiziten. In einem ersten Austausch darüber
fanden die Teilnehmer in meiner Wahrnehmung einen guten Zu-
gang zum Modell und konnten ihre Erfahrungen und Wahrnehmungen mit den verschiedenen Stufen verknüpfen. Per Punktabfrage
schätzten die Teilnehmer ihren eigenen Entwicklungsstand als
Gruppe wie folgt ein:

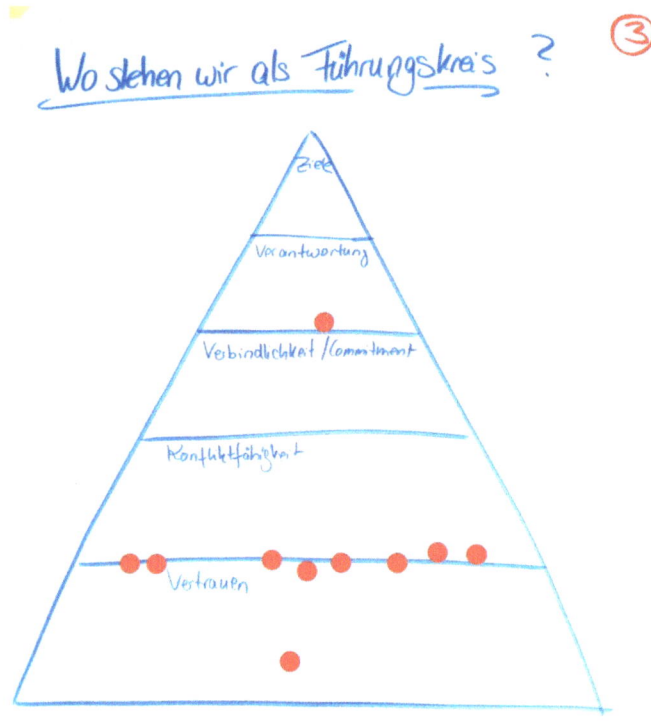

Abbildung 15: Selbsteinschätzung der Geschäftsleitung

Das Bild expliziert die vorherigen Äußerungen der Teilnehmer und
spiegelt die Gemeinsamkeiten und Unterschiede in der Bewusstheit

wider. In der folgenden Auseinandersetzung besprachen die Teilnehmer Beispiele aus ihrem Arbeitsalltag, die für die Einschätzung der Gruppe relevant waren. Über diesen Austausch kalibrierte die Gruppe in einem ersten Schritt ihre gemeinsame Sicht auf sich selbst. Ich moderierte im Weiteren die Auseinandersetzung im Plenum zu der Frage, was es zum Aufbau von Vertrauen und Konfliktfähigkeit aus Sicht der Geschäftsleitung braucht. Hierbei wurden für mich verschiedene Stränge deutlich, die die Gruppe wie folgt clusterte:

- Aspekte der Persönlichkeit: Respekt, Empathie, Kennenlernen, Haltung

- Aspekte der professionellen Rolle: Umgangsformen, keine Masken, keine Spiele

- Aspekte der Handlung: Umgang mit Wissen und Information, verbindliche Vereinbarungen

Im Austausch dazu benannten die Teilnehmer wiederum verschiedene Beispiele von Situationen, wo es nicht gelungen sei, vertrauensvoll und offen miteinander umzugehen. Die verschiedenen Stränge wurden ausführlich diskutiert, wobei am Ende ein gemeinsam geteiltes Bild darüber entstand, dass die eigene Haltung für den erfolgreichen Aufbau von Vertrauen und Konfliktfähigkeit eine wesentliche Komponente darstellt. Das war für mich ein wichtiger Punkt im Prozess, da die Teilnehmer mir durch ihre Reflexion die Bereitschaft signalisierten, ihre Haltungsfragen anzusprechen. Bei der Vorstellung der Agenda war dieser Aspekt bereits von einer Teilnehmerin genannt worden. Zu diesem frühen Zeitpunkt war ich mir noch unsicher, inwiefern alle Teilnehmer Haltungsfragen als relevant für eine Zusammenarbeit erachten. Für mich bedeutete das gemeinsame Bild aus der Reflexion, dass eine grundsätzliche Bereitschaft besteht, sich dem Thema der Haltung zu nähern. Ich habe die Gruppe explizit gefragt, ob sie Haltungsfragen vertiefen möchte, was von allen Teilnehmern bejaht wurde.

1.3.4. Zweite Reflexion: Haltungsfragen

In der Diskussion wurde mir deutlich, dass wenig gemeinsame Sprache zum Austausch über Haltungsfragen innerhalb der Geschäftsleitung besteht. Zum Teil fehlten Teilnehmern die konkreten Worte, um sich auszudrücken oder es wurde darauf verwiesen, dass die anderen schon wüssten, wie es gemeint sei. Die Teilnehmer sagten, dass Haltung eine hohe Relevanz besitze (Zitat eines Teilnehmers: „das ist irgendwie wichtig"); gleichzeitig wurde mir deutlich, dass aufgrund der scheinbar fehlenden Worte die reflektierte Auseinandersetzung damit nicht ausschließlich aus der Potenz der Gruppe heraus erfolgen konnte. Um die weitere Exploration der Thematik zu fördern, bedurfte es nach meiner Einschätzung eines externen Inputs. Daher entschied ich mich doch dazu, das Modell der Grundhaltungen vorzustellen und das Modell, anders als zunächst geplant, explizit zu machen. Im Anschluss an die Vorstellung der Grundhaltungen habe ich einen offenen Austausch der Gruppe dazu moderiert. Nach wie vor hatte ich die Hypothese, dass eine wirklich tiefe Auseinandersetzung mit Grundhaltungen in der Gruppe nicht möglich ist, da zu wenig Vertrauen und Offenheit bestehen, die eigene Disposition zu reflektieren und mit den anderen zu teilen. Dennoch schien mir der Input dieses Modells sinnvoll, um eine erste Auseinandersetzung zu fördern. Unabhängig von der gezeigten Offenheit erhielten die Teilnehmer so die Möglichkeit für eine eigene innere Reflexion und Verortung.

1.3.5. Durchführung: Arbeit mit Grundhaltungen

Anschließend stellte ich das Modell der Grundhaltungen vor und ließ die Teilnehmer anhand einer Aufstellung selbst explorieren, aus welcher Grundhaltung heraus sie im „Normalfall" agieren und welche Dynamik entsteht, wenn Stress im Arbeitsalltag aufkommt. Dazu steckte ich mit Bändern ein großes Quadrat auf dem Boden ab, das ich in vier kleinere Quadrate unterteilte. Jedes der Quad-

rate stand dabei für eine der vier Grundhaltungen. Ich bat die Teilnehmer, sich in den Quadranten zu stellen, aus dem sie ihrer Einschätzung nach normalerweise agieren. Dabei stellten sich die
meisten Teilnehmer in das Feld +/+. Dann bat ich die Teilnehmer
sich vorzustellen, dass sie in eine für sie stressige Arbeitssituation
geraten (z.B. viele neue Emails nach dem Wochenende, ein Kunde
hat eine Reklamation, etc.) und nun in das Feld zu wechseln, aus
welcher Grundhaltung sie unter Stress handeln. Viele Teilnehmer
wechselten die Position, wobei etwa die Hälfte sich in das Feld +/-
und die andere Hälfte in das Feld -/+ stellte. Daraufhin schauten
die Teilnehmer sich um und konnten erkennen, wer mit ihnen im
gleichen oder im gegenüberliegenden Feld steht. Es entstand ein
kurzer Austausch darüber, was für wen „eher typisch" ist und was
eher überraschend war. Dies habe ich an dieser Stelle noch nicht
weiter vertieft, um die Offenheit der Teilnehmer nicht aus einer
Anpassungsleistung mir gegenüber zu provozieren und die Eindrücke zunächst für sich wirken zu lassen.

Die Gruppe setzte sich anschließend mit der Frage auseinander,
wie eine OK-OK-Haltung vermehrt gelingen könnte. Dabei wurde
diskutiert, ob Konflikte aus einer OK-OK-Haltung heraus konfron-
tiert werden können und wie das gelingen kann. Interessant war,
dass das Wort „Konflikt" entweder vermieden und durch andere
Worte wie „Schwierigkeiten" oder „Herausforderung" ersetzt
wurde oder - wenn ausgesprochen - sehr leise, fast verschämt, gesagt wurde. Auch wurden nie handelnde Personen oder Themen
benannt, sondern eher verschleiert („Du weißt schon, wen ich
meine"). Das erzeugte in mir den Eindruck, dass neben der Bedeutungsebene auch zumindest teilweise die Existenzebene der Konflikte abgewertet wurde. Um ein alternatives Bild für Konflikte an-
zubieten, paraphrasierte ich die Beiträge der Gruppe und benannte
die Konflikte mit der Metapher des „Elefanten im Raum". Hier
zeigte sich die Gruppe sehr anschlussfähig und äußerte sofort eigene Bilder („große graue Elefanten", „kleine rosa Elefanten",
„Ottifanten", ...). Ein wichtiger Moment der Wahrheit entstand, als

eine Teilnehmerin klar äußerte, dass in der Gruppe der Geschäftsleitung keine wirkliche OK-OK-Haltung möglich sei, da so viele Konflikte unterschwellig liefen und sich um die Elefanten herumge-
drückt würde. Diese führe immer zu einer vorsichtigen und
misstrauischen Haltung. Die Teilnehmer schwiegen für einen Moment und ein Vorstand schlug dann vor, in diesem Rahmen die bestehenden Konflikte zu benennen und auf den Tisch zu bringen.
Dies fand die Zustimmung der Teilnehmer, die sich mir als erwachsen und nicht aus einer Anpassung dem Vorstand gegenüber dar-
stellte. Dieser Wunsch stellte eine Erweiterung der zu Beginn getroffenen Vereinbarung dar, daher habe ich mit der Gruppe eine
Vertragserweiterung um die Konfliktbenennung und -bearbeitung
vereinbart.

1.3.6. Dritte Reflexion: Konflikte und Abwertungen

Meine Hypothese, dass die Gruppe häufig aus einer Nicht-OK-Haltung heraus agiert, wurde durch die Diskussion der Teilnehmer teilweise bestätigt. Der These, unterschwellige Konflikte als Blocker
für eine OK-OK-Haltung zu begreifen, konnte ich gut folgen, da
Konflikte und insbesondere nicht geäußerte Gefühle, wie z.B. Ärger, nach meiner Ansicht oftmals aus einer OK-OK-Haltung heraus-
führen und zu Verhakungen in der Beziehungsgestaltung einladen.
Ich hatte den Eindruck, dass vor allem „negativ" besetzte Gefühle,
wie Ärger / Wut, entweder nicht geäußert oder fürsorglich umge-
deutet werden (z.B. „Sorge" statt „Ärger"), also hypothetisch eher
Ersatzgefühle benannt werden. In dem Wunsch der Teilnehmer
nach Konfliktbenennung wurde für mich deutlich, dass die kindli-
che Sehnsucht nach Vertrauen und Offenheit stärker war als die
elterlich geprägte Sorge vor einem Tabubruch. Gleichzeitig stellte
sich mir dieser Wunsch als erwachsen und bewusst entschieden
dar, was sich in der Vertragserweiterung zeigte.

Mein Ziel war es, die Benennung der Konflikte so zu gestalten, dass jeder Teilnehmer die Möglichkeit hatte, sich zu zeigen, unabhängig von dem, was andere zuvor zu ihren Fällen geäußert hatten. Das war mir wichtig, weil ich verhindern wollte, dass Teilnehmer aus Angst vor möglichen Konflikten ihren Beitrag an das vorher geäußerte anpassen. Außerdem war meine Idee, so ein möglichst gleiches Maß an Beteiligung und Egalität in der Gruppe zu unterstützen.

Um andere Zugänge zu Konflikten zu stimulieren, entschied ich mich, die Teilnehmer ihre Konflikte malen zu lassen, um frei-kindliche Anteile zu stimulieren und so die Emotionalität als Ressource zu nutzen. In der Kreativität dieses eher ästhetisch intuitiven Zugangs könnten unbewusste Anteile mehr Ausdruck finden als das, was über Sprache (und damit kognitive Prozesse) ausgedrückt werden kann. Alle Teilnehmer sollten gleichzeitig ein individuelles Bild erstellen, das sie selbst und ihre Konflikte innerhalb der Geschäftsleitung darstellt, und dieses im Anschluss vorstellen.

Mit der Durchführung der Intervention des Bildermalens zielte ich auf folgende Effekte ab:

- Entwicklung kohäsiver Kräfte durch die Auseinandersetzung mit den inneren Nebengrenzlinien sowie der inneren Hauptgrenzlinie

- Bildabgleich über Kontakt und Austausch zur Erweiterung von Bewusstheit und Intimität und somit der Entwicklung von Autonomie

- Entwicklung von Erkenntnis und Transparenz über unterliegende, sich wiederholende Dynamiken in der Beziehungsgestaltung, die zu Konflikten führen

- Erweiterung der Bewusstheit über die Abwertung der Konflikte

Sollte sich meine Vermutung über die Abwertung der Konflikte in der Auseinandersetzung bestätigen, könnte sich unmittelbar daran die Auseinandersetzung mit Abwertungen bzw. Ausblendungen anschließen. Ich vermutete, dass in der Auseinandersetzung mit den Konflikten zum einen Entwicklungsstränge sichtbar werden und diese gleichzeitig – analog zu den nicht benannten Konflikten – ebenfalls abgewertet werden. Sollte dies im weiteren Verlauf für mich sichtbar werden, könnte ich mit den Teilnehmern zu den Ebenen der Abwertung arbeiten.

1.3.7. Durchführung: Benennung von Konflikten und Abwertungen

Die Teilnehmer erhielten weißes Papier sowie verschiedene Farbstifte und gestalteten je ein Bild, das ihre Konflikte sowie ihre Position ausdrückt. Nach einer individuellen Bearbeitungsphase wurden alle Bilder an einer Wand aufgehangen und ich gab den Impuls zu einem ersten Austausch auf übergeordneter Ebene, der auf den wahrgenommenen Gesamteindruck der Bilder zielte und nicht auf die Interpretation einzelner Bilder. Anschließend hatte jeder Teilnehmer die Gelegenheit, sein Bild und seine Gedanken dazu vorzustellen. Einzelne Teilnehmer zeigten sich sehr betroffen bei den Schilderungen und äußerten, dass sie vieles nicht gewusst haben. In zwei Fällen entschuldigten sich Teilnehmer beieinander für ihr Verhalten, was zu hoher Emotionalität in der Gesamtgruppe führte.

Die Benennung und Auseinandersetzung mit den Konflikten erstreckte sich vom Mittag des ersten Tages bis zum Mittag des zweiten Tages und nahm so einen hauptsächlichen Teil des Workshops ein. Hier zeigte sich für mich die Relevanz eines prozessualen Arbeitens; meine Idee war es, keine skripthafte Unterstützung im Sinne der Nicht-Benennung von Konflikten zu geben, sondern den Umgang mit Konflikten unterstützend zu moderieren. Von der

64

Breite und Tiefe, die sich in der Auseinandersetzung mit den Konflikten zeigte, war ich sehr überrascht und gleichzeitig erfreut, da dadurch für mich eine neue Facette von Offenheit in der Gruppe sichtbar wurde.

Abbildung 16: Bilder der Konflikte

Ein Konfliktfall war für mich in der Moderation besonders herausfordernd: Am Ende des ersten Tages berichtete eine Teilnehmerin über ihren seit 12 Jahren während Konflikt, der zwischen ihr und einem anderen Teilnehmer besteht. Sie berichtete sehr emotional darüber, dass es das erste Mal sei, dass sie so offen darüber sprechen würde und begann im Verlauf der Erzählung zu weinen. Dies löste in der Gruppe eine hohe Betroffenheit und Spannung aus, die von allen Teilnehmern gut gehalten wurde. Es gab keine „spannungslösenden" Kommentare oder Witze, sondern die ernsthafte Aufmerksamkeit blieb bei der weinenden Teilnehmerin. Dies war für mich ein deutlicher Hinweis auf die zumindest punktuelle Weiterentwicklung der Gruppe in Richtung einer OK-OK-Haltung. Die Fähigkeit, als Gruppe einen weinenden Teilnehmer halten zu können, hat sich meiner Ansicht nach im Laufe des Workshops entwickelt und ist auf den entstandenen authentischen Kontakt im Beziehungsgeschehen zurück zu führen.

Der herausfordernde Moment für mich persönlich kam, als die Teilnehmerin mit der inhaltlichen Schilderung geendet hatte und ihr Weinen sehr abwertend kommentierte. Gleichzeitig gab es eine Orientierungsreaktion von ihr an mich, verbunden mit der Frage „Wie schlimm ist es jetzt, dass ich weine?". Ich habe während der Schilderungen und des Weinens eine starke Übertragung bei mir bemerkt und konnte der Traurigkeit und Verletzung der Teilnehmerin selbst gut nachspüren. Ich habe diese Reaktion in mir bewusst genutzt, um aus meinem Erwachsenen-Ich heraus eine wertschätzende Rückmeldung zu geben, die das Weinen und die Traurigkeit anerkennt. Am Ende des ersten Seminartags suchte die Teilnehmerin im 1:1 Kontakt erneut Vergewisserung, woraufhin ich meine Wertschätzung und Zuwendung wiederholte. In meiner Wahrnehmung konnte sie dies annehmen und wurde ruhiger. Um die Teilnehmerin in der Potenz ihrer eigenen Bedürfnisäußerung zu stärken und möglicherweise erforderlichen Schutz geben zu können, fragte ich sie, was sie noch brauche, um gut in den Abend gehen zu können. Sie äußerte, dass sie im Moment nichts brauche, sich aber melden würde, wenn sich dies ändere. Dieser bilaterale Vertrag bietet sowohl mir als auch ihr ein Maß an Absicherung für die weitere Arbeit. Mein Ziel dieser Intervention war es, sie aus meiner professionellen Haltung und Verantwortung in ihrer Emotionalität ernst zu nehmen und sie gleichzeitig punktuell in ihrem eigenen Erwachsenen-Ich zu stärken. Für mich als Organisationsberaterin war diese Situation herausfordernd, weil sich hier persönliche Betroffenheit und individuell gefühlte Emotionalität mit dem

Anliegen der organisationalen Entwicklung verbindet. Das Spannungsfeld der Organisationsentwicklung liegt für mich darin, sowohl auftrags- und vertragskonform zu beraten als auch in angemessener Weise mit individuellen Reaktionen und Bedürfnisse umzugehen und diese dabei weder den eigentlichen Vertrag überstrahlen zu lassen noch diese zu ignorieren.

Aus der ausführlichen Benennung und Auseinandersetzung mit den verschiedenen Konflikten innerhalb der Geschäftsleitung meinte ich, verschiedene Hauptthemen bzw. Stränge beobachten zu können, die in vielen Konflikten eine Rolle spielten. Diese Stränge beinhalten in meiner Wahrnehmung verschiedene Teilaspekte, die einen oder mehrere Konflikte unterschiedlich stark berühren. Ich teilte meine Beobachtungen mit der Gruppe und es entstand ein Austausch über die Hauptthemen, die unter einem Entwicklungsaspekt („wo wollen wir hin?") diskutiert wurden.

Entwicklungs-strang	Aspekte
1. „Füreinander einstehen"	• Einander verteidigen und für die Meinung/den gemeinsamen Beschluss einstehen • respektvoller Umgang miteinander, keine „stille Post" • Kohärenz / Zusammenhalt • Vertrauen und Sicherheit • Wertschätzung und Verständnis
2. „Führungsverständnis"	• Gemeinsames Führungsverständnis innerhalb der Geschäftsleitung und gegenüber Mitarbeitern • Von Mitarbeitern nicht ausgespielt werden • Vertrauen und Sicherheit

Entwicklungs-strang	Aspekte
	• Operative Tätigkeit vs. Führungs-aufgaben
3. „Verände-rungsfähig-keit"	• Eigene Unsicherheit bei Verände-rungen • Umgang mit Veränderungen in-nerhalb der Geschäftsleitung und vor Mitarbeitern • Die Umsetzung von Veränderun-gen (das „wie")
4. „Professionali-tät"	• Transparenz und Klarheit bei Entscheidungen • Sprachfähigkeit zu Entscheidun-gen • Glaubwürdigkeit vor Mitarbeitern und dem Unternehmen • Produktportfolio • Außendarstellung des Unterneh-mens
5. „Strukturthe-men"	• Abgrenzung von Aufgabenfeldern • Aufgaben und Verantwortlichkei-ten bei Querschnittsfunktionen

Abbildung 17: Darstellung der Entwicklungsstränge nach Konfliktbenennung

Im Austausch darüber sagten die Teilnehmer, dass die Themen 1-3 aus ihrer Sicht die notwendige Voraussetzung für Strang 4 „Profes-sionalität" bilden. Meine Vermutung war, dass sich nach der Bear-beitung der ersten drei Themen bereits konkrete Maßnahmen zur Steigerung der Professionalität ergeben, sodass dieses Thema nachgelagert behandelt wird. Fragestellungen, die Strukturthemen betreffen, können zum einen intern kurzfristig geklärt werden und zum anderen ebenfalls zeitlich eher nachgelagert betrachtet werden.

Weiterhin wurde mir in verschiedenen Aussagen deutlich, dass sowohl die bestehenden Konflikte als auch die sich daraus ergebenden notwendigen Entwicklungen immer wieder abgewertet wurden. Das zeigte sich z.B. in abwertenden Kommentaren gegenüber nicht anwesenden Personen oder der Abwertung von Äußerungen Anderer. So stellte beispielsweise die Aussage „Das ist doch gar kein richtiger Konflikt" eine Abwertung auf Existenzebene dar, während der Satz „Das ist doch nicht so schlimm" die Bedeutung abwertete.

Daher entschloss ich mich, zur Abrundung des Workshops mit den Teilnehmern zu den Ebenen der Abwertung[27] zu arbeiten und darüber ein gemeinsames Verständnis von Existenz- und Bedeutungsebene der einzelnen Stränge zu entwickeln. Hierzu nutzte ich die Darstellung folgender Abwertungsebenen: Existenzebene, Bedeutungsebene, Lösbarkeitsebene und die Ebene des eigenen Beitrags[28]. Die Fokussierung auf Existenz- und Bedeutungsebene sollte verhindern, dass sich die Teilnehmer zu schnell mit der Lösbarkeit oder Unlösbarkeit von Konflikten auseinandersetzten ohne vorher ausreichend beleuchtet zu haben, inwiefern der Konflikt bzw. der Entwicklungsstrang für sie existent oder bedeutsam ist. Meine Erfahrung ist, dass in der wirklichen Erfassung der Bedeutungsebene häufig der Schlüssel zur Lösung liegt, denn erst über die Erfassung, was es für mich individuell bedeutet, entsteht eine persönliche Betroffenheit und somit Involviertheit in die Lösung.

Ich bat die Teilnehmer, jeweils in Kleingruppen die Existenz- und Bedeutungsebene der drei Hauptstränge „Füreinander einstehen",

---

[27] vgl. Schiff et al. (1975), S.14 ff („discounting") und Schlegel, L. (2011), S.220 („Missachtung"/„Ausblendung")
[28] vgl. Schiff et al. (1975), S. 15 ff

„Führungsverständnis" und „Veränderungsfähigkeit" zu beleuchten. Die Ergebnisse wurden im Plenum vorgestellt und sich zu den
Ergebnissen ausgetauscht. Dabei entstand unter den Teilnehmern
ein besseres Verständnis dafür, wie andere aus der Gruppe die Existenz und Relevanz der drei Stränge bewerten, woraus sich eine
erste Annäherung zu einem gemeinsamen Verständnis herausbil-
dete.

Abwertungen

In der Transaktionsanalyse werden unter dem Begriff „Abwertung"
zwei verschiedene psychologische Bedeutungen verstanden: Zum
einen der innerpsychische Vorgang der Ausblendung (z.B. die Ver-
drängung oder Verleugnung einer wahrnehmbaren Gegebenheit,
und/oder ihrer Problematik und/oder der Möglichkeit, etwas zu
unternehmen) und zum anderen die Missachtung im Rahmen zwischenmenschlicher Kommunikation.[29] Beide Phänomene sind innerpsychische Mechanismen, die eigene Ressourcen ausblenden
oder abwerten, mit dem Ziel, in eine Symbiose einzuladen oder
diese aufrechtzuerhalten.[30] Abwertungen sind charakterisiert
durch das Nicht-Wahrnehmen, Ausblenden oder Verdrängen eines
bestehenden Problems oder von Lösungsmöglichkeiten für das
Problem.[31] Eine Person, die abwertet, glaubt oder handelt, als ob
ein Aspekt ihrer selbst oder anderer Menschen oder der Realität
weniger wichtig ist, als es tatsächlich der Fall ist. Gründe für solche
Abwertungen oder Ausblendungen können dabei beispielsweise die
Aufrechterhaltung des eigenen Selbst- oder Weltbilds, das Spielen
manipulativer Spiele, die Erfüllung des eigenen Skripts oder die
Festigung einer Symbiose sein. [32]

---

[29] vgl. Schlegel, L. (2011), S. 220
[30] vgl. Schiff et. al (1975)
[31] vgl. Hagehülsmann, U. & H. (2007), S. 228
[32] vgl. Schlegel, L. (2011), S. 224 ff.

Dabei können sich Abwertungen beziehen auf:

- die eigenen Gefühle, Gedanken oder Handlungen

- die Gefühle, Wahrnehmungen, Gedanken oder Handlungen anderer Menschen

- weitere Faktoren in der sie umgebenden objektiven Situation

Abwertungen können auf den vier verschiedenen Ebenen der Existenz, der Bedeutung, der Lösbarkeit oder der eigenen Fähigkeiten erfolgen.[33] Wird beispielsweise ein Konflikt abgewertet, könnte dazu je nach Abwertungsebene folgende Aussage gemacht werden:

Ebene der Abwertung	Aussage
Existenzebene	„Es besteht kein Konflikt"
Bedeutungsebene	„Es besteht ein Konflikt, er ist aber nicht bedeutsam / nicht wichtig."
Lösungsebene / Veränderbarkeit	„Es besteht ein Konflikt, dieser ist auch bedeutsam, aber er ist nicht lösbar."
Ebene der persönlichen Fähigkeiten	„Es gibt einen bedeutsamen Konflikt, der grundsätzlich lösbar ist, aber ich kann nichts zur Lösung beitragen."

Abbildung 18: Beispiel für Abwertungen eines Konflikts (eigene Darstellung)

---

[33] vgl. Schiff et al. (1975)

Wird einer dieser Aspekte abgewertet, ist die Lösung eines Problems oder Konflikts nicht möglich. Die Ebenen oder Stufen der Abwertung stehen dabei in hierarchischer Ordnung, d.h. erst wenn die vorangegangene Stufe anerkannt und nicht mehr abgewertet wird, kann die Bearbeitung der nächsten Stufe erfolgen und auf eine Konfliktlösung hingearbeitet werden.

Ähnlich verhält es sich mit unterschiedlichen Abwertungen in Gruppen: Soll innerhalb einer Gruppe ein Konflikt gelöst oder eine Veränderung herbeigeführt werden, wird dies erst wirksam gelingen, wenn alle Gruppenmitglieder ein gemeinsames Bild darüber haben, ob und wie der Konflikt gelöst werden kann.

Julie Hay erweiterte die Ebenen der Abwertung um zwei weitere, in dem sie die vierte Ebene des persönlichen Beitrags differenzierte, in[34]:

- Abwertung der persönlichen Fähigkeiten, das Problem zu lösen

- Abwertung der Fähigkeit, (Lösungs-)Strategien zu entwickeln

- Abwertung des Glaubens an den Erfolg

In meiner Erfahrung passiert es häufiger, dass unterschiedliche Gruppenmitglieder an verschiedenen Stellen der Abwertungshierarchie stehen. Während einige den Konflikt für bedeutsam und lösbar halten, aber nicht wissen, was ihr eigener Beitrag sein könnte, sind andere Gruppenmitglieder der Ansicht, der Konflikt sei nicht wichtig und „gar nicht so schlimm", werten also auf Bedeutungsebene ab. Gelingt es nicht, über Existenz, Bedeutung, Lösbarkeit und eigene Beeinflussbarkeit ein gemeinsames Bild in der Gruppe zu entwickeln, wird die Gruppe nicht in der Lage sein, den Konflikt zu lösen. Im geschilderten Fallbeispiel waren im Verlauf des Prozesses viele Abwertungen beobachtbar, weshalb ich mit

---

[34] vgl. Hay, J. (2009), S. 127ff.

der Gruppe an einer gemeinsam geteilten Bewusstheit über die Abwertungsebenen und die Haltung der Gruppe zu den einzelnen Themen gearbeitet habe.

Zusammenfassend stellen Ute und Heinrich Hagehülsmann fest:

„Solange Menschen einen oder mehrere Aspekte bestimmter Sachverhalte bei sich oder anderen abwerten, laden sie zu Konstellationen gegenseitiger Abhängigkeiten und, damit verbunden, zu unangemessenen Problemlösungen ein."[35]

Abwertung von Emotionen im organisationalen Kontext

Die Abwertung von Emotionen, entweder durch die Betreffenden selbst oder aber durch Andere, begegnet mir im organisationalen Kontext häufiger. Daher möchte ich kurz meine Haltung dazu erläutern:

Um Veränderungen in Organisationen ganzheitlich zu begleiten, finde ich sowohl die die Betrachtung der strukturellen Ebene (z.B. Ziele, Strategie, Prozesse und Organisationsstruktur) als auch der kulturellen Ebene (z.B. Wahrnehmung, Verhalten, Gefühle, Haltung und Einstellung) bedeutsam. Häufig werden im Rahmen von Change-Prozessen separierte Veränderungen auf struktureller Ebene vorgenommen, was aus meiner Erfahrung heraus nicht nachhaltig sein kann („Culture eats strategy for breakfast", Peter Drucker). Erst die integrative Arbeit an der strukturellen und der kulturellen Ebene führt zu einer sukzessiven Veränderung der Haltung und Einstellung, und somit zu einer nachhaltigen Zielerreichung der Organisation.

Aus diesem Verständnis heraus arbeite ich mit Organisationen auf beiden Ebenen, wobei die kulturelle Ebene den Schwerpunkt meiner Arbeit ausmacht; verbunden mit der Hypothese, dass die Struktur der Beziehung folgt. Sell bezeichnet in diesem Zusammenhang

---

[35] vgl. Hagehülsmann, U. & H. (2007), S. 230

Struktur als geronnene Beziehung.[36] In der Auseinandersetzung mit diesen Themen entstehen Emotionen, die sich auf unterschiedlichste Arten ihren Weg bahnen. Mir begegnen dabei Abwertungen von Emotionen auf unterschiedlichen Ebenen, wobei insbesondere solche Emotionen, die vermeintlich auf „Schwäche" schließen lassen (wie z.B. Traurigkeit, Enttäuschung oder Angst) am häufigsten auf Existenz- und Bedeutungsebene abgewertet werden. Im Besonderen wird die emotionale Reaktion des Weinens im Anschluss oft als beschämend oder peinlich bewertet, was eher auf einen Verdrängungsvorgang als auf einen Bewusstseinsvorgang hinweist.

Als Organisationsentwicklerin sind dies für mich relevante Hinweise auf Grunddynamiken innerhalb der Organisation und Grundlage weiterer Interventionsplanung im Sinne des Auftrags. Gleichzeitig ist es mir ein großes Anliegen, der Person Schutz zu bieten, die sich mit ihrer emotionalen Reaktion - wie beispielsweise des Weinens - offen und verletzlich gezeigt hat. Dies bedeutet, dass ich i.S. des Containments [37] die Emotionen des Anderen stellvertretend für die Gruppe halte und somit der Gruppe im Parallelprozess ein alternatives Verhaltensmodell zum Umgang mit Emotionen Anderer anbiete. Das kann im konkreten Fall beispielsweise durch Erlaubnisse, Zuwendung, Spiegeln oder aufmerksames Zuhören geschehen. Dabei achte ich darauf, nicht in die Überverantwortung für die Bedürfnisse Anderer zu gehen. Je nach weiterem Verlauf kann es wirksam sein, dies im weiteren Prozess zu explizieren und mit der Gruppe zu reflektieren. Solche Situationen fordern eine hohe Aufmerksamkeit sowohl für meinen eigenen innerpsychischen Prozess als auch für Reaktionen der Einzelperson sowie den gruppendynamischen Prozess.

In meinem professionellen Wirken liegt der Schwerpunkt auf der Arbeit mit Organisationen, wie hier mit der Geschäftsleitung. Mir

---

[36] vgl. Korpiun, M. & Thiele, M. (2016)
[37] vgl. Bion, W. (1990), Giernalczyk, T. et al. (2012); Lazar, R. (2014) sowie Lohmer, M. & Möller, H. (2014), S. 133 ff.

ist bewusst, dass ich in diesem Rahmen keinen Vertrag für Beglei-
tungs- oder Coachingmaßnahmen einzelner Personen habe. Entsprechend ist die Bearbeitung persönlicher Anliegen, wie z.B. die
Aufarbeitung eines eingeschränkten Umgangs mit Emotionen, nicht
Bestandteil meiner Arbeit. Sollten Beauftragungen dieser Art an
mich herangetragen werden, verweise ich auf Kollegen oder, falls
Vermutungen zu pathologischen Tendenzen bestehen, an Psycho-
therapeuten aus meinem Netzwerk. Gleichzeitig sehe ich meine
Aufgabe situationsbezogen auch darin, punktuell mit Einzelpersonen zu agieren (beispielsweise durch o.g. Interventionen), um zum
einen die Person selbst zu stabilisieren und zum anderen eine weitere Arbeit mit der Gruppe und Fokussierung auf diese ermöglichen.

1.3.8. Folgebeauftragung und Abschluss

In einer kurzen Pause des Workshops schilderte ich dem Vorstand
meine Eindrücke und gab einen Ausblick darauf, wie es meiner Ansicht nach jetzt weitergehen könnte. Ich halte es für sinnvoll, die
drei Entwicklungsstränge nacheinander in der Geschäftsleitung zu
bearbeiten, wobei die Dauer dafür zum aktuellen Zeitpunkt nicht
absehbar ist. Vielmehr geht es darum, so lange an den Themen zu
arbeiten, bis „weißer Rauch aufsteigt", also eine wirkliche Einigung erzielt wird. Meine Empfehlung war, dass der Vorstand zum
Ende des Workshops einen Ausblick darauf gibt, wie es weitergehen
kann, um in seiner Leitungsfunktion orientierungsgebend sichtbar
zu werden. Aus dieser kurzen Sequenz entstand die Folgebeauftragung für die Begleitung weiterer Workshops zur Bearbeitung der
Entwicklungsstränge. Da ich mit dem Vorstand bereits einen Reflexionstermin für etwa vier Wochen nach dem Workshop vereinbart
hatte, verständigten wir uns darauf, die weiteren Details der inhaltlichen Arbeit an dem kommenden Termin zu klären.

Zum Ende des Workshops gab der Vorstand einen Ausblick auf die
weitere Zusammenarbeit sowie weitere Workshops, die vor Ort ter-
miniert wurden. Da der nächste Workshop aus zeitlichen Gründen

erst im Juni 2018, also vier Monate später, stattfinden konnte, wurde vereinbart, dass ich nach etwa acht Wochen eine Aufgabe zur Zwischenreflexion in die Gruppe gebe und sich die Teilnehmer im Rahmen eines Jour Fixe mit der Aufgabe beschäftigen, sodass im Juni-Workshop darauf aufgesetzt werden kann.

Abschließend habe ich die Teilnehmer darum gebeten, Rückmeldung zum Workshop und den gewonnenen Erkenntnissen zu geben. Beispielhaft wurde gesagt:

- „Es ist heute Nachmittag viel möglich, was gestern nicht möglich war."

- „Ich spüre zum ersten Mal Kollegialität."

- „Die Tage haben zu mehr Nähe geführt."

- „Wir haben viel Spannung abgebaut, das hat gutgetan."

- „Es war ein erster Schritt, jetzt muss es weitergehen. Wir haben uns besser kennengelernt, das will ich fortführen."

- „Donnerwetter – das war ein sehr guter Anfang."

1.3.9. Abstimmung und Reflexion mit dem Vorstand

Etwa vier Wochen nach dem Workshop zur Standortbestimmung fand ein Termin zwischen dem Vorstand und mir statt, um die beiden Tage zu reflektieren. Der Vorstand berichtete mir von den Veränderungen, die sich in der Zwischenzeit ergeben haben. So seien deutlich mehr Bereichsleiter miteinander zum „Du" gewechselt und es sei mehr Nähe innerhalb der Geschäftsleitung entstanden. Dies sei am ersten Abend des Workshops bereits deutlich geworden, wo Bereichsleiter, die sich sonst „nicht anschauen", gemeinsam beim Glas Wein über Privates gesprochen hätten. Außerdem hat sich die Geschäftsleitung vorgenommen, jeden zweiten der zweiwöchig stattfindenden Jour Fixe für eine Reflexion über das Miteinander zu nutzen, anstatt über Inhalte des Tagesgeschäftes zu sprechen. Dies waren sehr erfreuliche Entwicklungen, die mir zeigten, dass mehr Kontakt zwischen den Personen entstanden war.

Als nächste Schritte wurden zum einen eine gemeinsame Aufgabe zur Zwischenreflexion sowie weiteres inhaltliches Arbeiten vereinbart. Inhaltlich vereinbarten wir, dass der nächste Workshop auf den Entwicklungsstrang „Füreinander einstehen" fokussiert, da dieser Strang wesentliche Grundlagen für die Entwicklung der Gruppe beinhaltet, auf dem die weiteren Themen aufbauen können. Eine zu frühe Bearbeitung der anderen Themen könnte die Gefahr bergen, dass in guter Absicht Dinge entwickelt und vereinbart werden, die in der nachhaltigen Umsetzung an Haltungsfragen scheitern.

Für die anstehende Aufgabe zur Zwischenreflexion vereinbarten wir, dass die eigene Wirksamkeit im Fokus stehen solle. Hierzu konzipierte ich eine schriftliche Aufgabenstellung, die ich im April 2018 an die Teilnehmer versendete. Dabei sollte die Geschäftsleitung im Rahmen eines Jour Fixe zunächst in Kleingruppen und dann in der Gesamtgruppe darüber reflektieren, in welchen Situationen sie sich wirksam erlebt hat und in welchen nicht. Daraus sollte dann weiterer Entwicklungsbedarf abgeleitet werden und die Ergebnisse dann als ersten Teil in den nächsten Workshop einfließen.

1.4. Umsetzung der Interventionen: Workshop „Füreinander einstehen"

Die Planung des zweiten Workshops „Füreinander einstehen" erfolgte zum einen auf Basis der Ergebnisse des ersten Workshops und zum anderen auf Basis meiner zuvor erstellten Konzeptualisierung und erforderlichen Interventionen.

1.4.1. Planung des Workshops

Im ersten Workshop waren meine Hypothesen weitestgehend bestätigt worden: Die Einschränkungen in der Autonomie zeigten sich in der Gruppe ebenso wie eine ausgeprägte Nicht-OK-Haltung, die sowohl von Selbstabwertungen als auch von Abwertungen Anderer gekennzeichnet war. Außerdem konnten die vermuteten Verhärtungen und Fragmentierungen anhand der bestehenden Konflikte verifiziert und die Gruppe der Geschäftsleitung als „Entwicklungsgruppe" i.S. Bernes bestätigt werden.

Im ersten Workshop war eine neue Grundlage für Vertrauen und Offenheit hergestellt worden. Insbesondere durch die Auseinandersetzung mit den eigenen Konflikten ist in der Gruppe mehr Kontakt und eine höhere Offenheit entstanden. Meine Überlegung war, die Aufgabe zur Zwischenreflexion noch einmal aufzugreifen und die Ergebnisse und Überlegungen der Teilnehmer zu Beginn des Workshops gemeinsam zu besprechen. Damit wollte ich zu Beginn die Grundlage für eine offene und vertrauensvolle Arbeitsatmosphäre unterstützen, d.h. die bereits erfolgte Entwicklung hinsichtlich Bewusstheit und Intimität und somit der Autonomieentwicklung stärken.

Daran schlossen sich für mich die Arbeit mit den Hypothesen bzw. Interventionen 2 und 4 an. Dies bedeutet die Reflexion von typischen Verhaltensweisen sowie die Erarbeitung von Alternativen, wozu die weitere explizite Arbeit mit dem Modell der Grundhaltungen hilfreich ist. Im ersten Workshop habe ich das Modell der Grundhaltungen kurz vorgestellt, da sich die Gruppe selbst über hilfreiche und nicht hilfreiche Haltungen ausgetauscht hatte. Eine tiefere Reflexion oder Selbsterfahrung ist zu dem Modell bisher nicht erfolgt. Ziel für den Workshop „Füreinander einstehen" war es, typische Beziehungskonstellationen innerhalb der Stiftung zu reflektieren, konkrete Verhaltensweisen für eine OK-OK-Haltung zu erleben und hierzu in der Gruppe Vereinbarungen zu treffen. Außerdem sollte zur Beleuchtung des Hintergrunds der Fragmentierung und damit der Koalitionsbildung eine Reflexion zum Modell der 5 Dysfunktionen eines Teams erfolgen. Mein Denken dazu war, dass die Koalitionsbildung aus Angst und dem Bedürfnis nach Schutz erfolgte, sodass sich die Frage für die Gesamtgruppe ergab, wovor die Teilnehmer glauben, sich schützen zu müssen. Meine Hypothese war, dass diese vermutlich unterdrückten bzw. abgewerteten Emotionen potenziell Auslöser für das Verlassen der eigenen OK-OK-Haltung sein können. Über die Auseinandersetzung mit diesen Emotionen könnten die persönlichen Auslöser erkannt und konkrete Rückschlüsse für die eigene Haltung gezogen werden können.

Ich habe an beiden Tagen viel in Kleingruppenarbeit strukturiert und darauf geachtet, dass die Teilnehmer sich immer wieder neu mischen. Damit wollte ich die Kontakt- und Dialogpunkte vielfältig gestalten, um Beziehungsentwicklung zu unterstützen. Gleichzeitig bietet die Kleingruppe einen geschützteren Rahmen und hilft beim Vertrauensaufbau.

1.4.2. Durchführung des Workshops

Zu Beginn des Workshops erfuhr ich vom Vorstandssprecher, dass die geplante Aufgabe zur Zwischenreflexion von der Geschäftsleitung nicht durchgeführt worden war. Er begründete dies mit hohem operativen Arbeitsaufkommen, das die Zeit für die Reflexion nicht zugelassen habe. Ich begegnete dem mit einer OK-OK-Haltung und plante nach der Morgenrunde die Konfrontation der Gruppe mit der nicht gemachten Aufgabe.

Die Vermeidung der Aufgabe war aus meiner Sicht entwicklungshemmend für den Gruppenprozess, weil sie ein Beispiel für nicht eingehaltene Vereinbarungen war. Ein Entwicklungsziel der Gruppe ist es, die Verbindlichkeit zu erhöhen und mehr Verantwortung zu übernehmen, was diametral entgegengesetzt zum gezeigten Verhalten bezüglich der Aufgabe ist. Der intendierte Gruppenprozess wird damit von den Teilnehmern selbst konterkariert, was als

Selbstsabotage auf Gruppenebene gedeutet werden kann, mit dem Ziel, die Nicht-OK Haltung und damit das eigene Selbstbild aufrecht zu erhalten. Gleichzeitig habe ich mich eingeladen gefühlt, empört zu sein und somit in eine +/- Haltung zu gehen, also in einem Parallelprozess die Bedürfnisse der Gruppe ebenfalls abzuwerten. Mir ging es darum, dieser Abwertung nicht zu folgen, sondern den Bedürfnissen und Geschehnissen Raum zu geben. Diese Sequenz konnte ich im Sinne des Containments gut halten und so der Gruppe gegenüber in einer +/+ Haltung bleiben. Ich entschied kurzfristig, die Teilnehmer zu den Fragen der ursprünglichen Arbeitsaufgabe zu Beginn des Workshops arbeiten zu lassen, um den Austausch als Grundlage für die weitere Arbeit zu Grundhaltungen zu nutzen. Anschließend plante ich, mit den Teilnehmern diesen Selbstsabotage-Mechanismus zu thematisieren, da dieser ein unmittelbarer Ausdruck der eingeschränkten Autonomie der Geschäftsleitung war.

In der gemeinsamen Morgenrunde griff ich den Prozess und die Ergebnisse des letzten Workshops auf und bat die Teilnehmer sich dazu zu äußern, mit welchem Gefühl sie im Februar aus dem Workshop gegangen seien und wie es Ihnen jetzt gehe. Beispielhaft wurde gesagt:

- „Ich habe im Februar körperlich gespürt, dass es mir besser ging – ich bin weniger um die Elefanten herumgelaufen. Schade, dass wir nicht drangeblieben sind."

- „Wir haben viel auf dem Tisch, ich habe mich wenig auf diese Tage vorbereitet." (3x)

- „Wir haben in der Zwischenzeit nicht nur über die Sachebene, sondern auch über Persönliches gesprochen."

- „Es geht nur miteinander – wie gehen wir also gut miteinander um?"

Ich griff die hohe operative Arbeitsbelastung auf und konfrontierte die Gruppe damit, dass die Vereinbarung zur Zwischenreflexion nicht eingehalten wurde. Hierdurch werde der intendierte Gruppenprozess von den Teilnehmern selbst konterkariert und es wird mehr Zeit benötigt, um die gewünschte Entwicklung voranzutreiben. Ich verwies hier bereits auf das Ende des Workshops, wobei aus meiner Sicht Vereinbarungen darüber getroffen werden müssten, wie der weitere Entwicklungsprozess der Gruppe unabhängig der vergangenen Zeit verbindlich gestaltet werden kann.

In der folgenden Auseinandersetzung mit der eigenen Wirksamkeit tauschte sich die Gruppe zunächst inhaltlich zu den verschiedenen Fragestellungen der ursprünglichen Aufgabe aus.

Die Teilnehmer berichteten über Veränderungen, die sie in den letzten Monaten bemerkt haben und nannten konkrete Beispiele dafür, was ihnen an sich selbst oder anderen aufgefallen ist. So wurde eine Situation beschrieben, in der die Teilnehmerin eine Spieleinladung von Mitarbeitern erkannt und für sich entschieden hat „Ich lasse mich nicht auf das Spiel ein; ich gehöre zu dieser Gruppe hier". Das übereinander sprechen habe nach dem letzten Workshop insgesamt nachgelassen und es habe mehr Gespräche und positive Hilfestellung füreinander gegeben. Ebenfalls habe viel positive Wertschätzung füreinander stattgefunden und es gebe weniger Bereichsdenken. Weitere konkrete Beispiele für ein sich neu entwickelndes Miteinander wurden genannt. Insgesamt gab es einige Situationen, in denen die Teilnehmer neue Beziehungserfahrungen machen konnten, wozu auch die Zielsetzung der teamübergreifenden Zusammenarbeit beigetragen habe. „Professionalität gelingt leichter, wenn wir offen miteinander sind". Es gebe eine „neue Unaufgeregtheit" bei manchen Teilnehmern und eine Verringerung der „Machtfeldabgrenzung". Gleichzeitig wurde von einer erhöhten Drucksituation berichtet, die sowohl durch viele gleichzeitige Bauprojekte als auch durch Veränderungsdruck von außen (z.B. Digitalisierung) entsteht. Weiterhin versuchen Mitarbeiter, die Teilnehmer „anzupieken" und in Spiele einzuladen, die die Verhakungen der Teilnehmer untereinander fördern. Ergänzend dazu wurde von einigen Personen gesprochen, die ihren Wert für das Unternehmen über die Abgrenzung von Wissen und Intransparenz geschaffen haben und so die Kultur des Unternehmens maßgeblich beeinflusst haben. Obwohl diese z.T. nicht mehr im Unternehmen sind, sind Aspekte dieser Einstellung noch vorhanden.

Der inhaltliche Austausch schloss mit der Aussage einer Teilnehmerin, die sagte, dass diese nicht erfolgte Bearbeitung der Aufgabe symptomatisch für die Geschäftsleitung sei. Diesen Impuls griff ich für eine Metareflexion zur Mustererkennung in der Gruppe auf und stellte die Frage: „Was sagt dieser symptomatische Prozess über die Gruppe aus?"

In der Reflexion über die Gruppensymptomatik stellten die Teilnehmer weitestgehend übereinstimmend fest, dass es ihnen nicht gelingt, Verbindlichkeit herzustellen. Wenn etwas, das vereinbart wurde, nicht gemacht werde, gebe es keine Konsequenzen, was von einigen Teilnehmern der fehlenden Führung in der Steuerung des Gruppenentwicklungsprozesses zugeschrieben wurde. Dies korrespondierte mit meiner Hypothese der geringen Kohäsion innerhalb des Vorstands. Es wurde deutlich, dass es Themen gibt, die „im Raum wabern" und für die niemand aus der Gruppe die Verantwortung übernimmt. Um die hypothetische Verbindung der im Raum stehenden Themen sichtbar zu machen, stellte ich als nächsten Impuls der Geschäftsleitung folgende Frage: „Was hat fehlende Verantwortung mit Grundhaltungen zu tun?"

In der Auseinandersetzung mit den Zusammenhängen von Verbindlichkeit, Verantwortung und Grundhaltungen und vor allem der Frage, was eigentlich in der Gruppe symptomatisch passiert, erarbeitete ich mit der Geschäftsleitung folgendes Bild. Dabei war mir wichtig, die bereits in der Gruppe bekannten Modelle und Bilder zu nutzen, da diese z.T. erst im Ansatz reflektiert und durchdrungen waren:

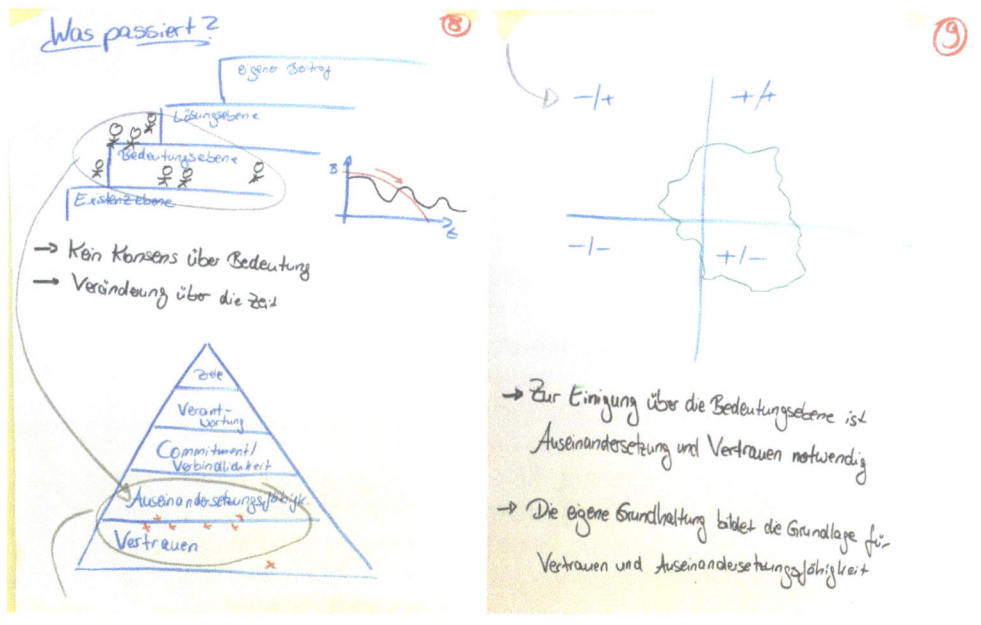

Abbildung 19: Erarbeitung der erlebten Gruppensymptomatik

Demnach nimmt die Bedeutung von Vereinbarungen über die Zeit ab. Wurde bei Beschluss die Bedeutung einer Vereinbarung noch als ähnlich hoch wahrgenommen, findet in der folgenden Zeit kein weiterer Austausch auf inhaltlicher Ebene statt. Dies führt dazu, dass der Einzelne die Vereinbarung unterschiedlich stark abwertet. Das geschieht aus der eigenen subjektiven Blickrichtung heraus, die von Arbeitsbelastung, persönlicher Disposition und anderen Faktoren geprägt ist. So entsteht eine Fragmentierung in der Gruppe, über die zur Wiederherstellung einer gemeinsamen Bedeutung ein Austausch stattfinden müsste. Übertragen auf die Pyramide „Fünf Dysfunktionen eines Teams" nach Lencioni zeigt sich, dass die Gruppe auf der dritten Ebene „Commitment / Verbindlichkeit" scheitert. Dies lässt darauf schließen, dass auf den beiden Ebenen darunter („Auseinandersetzungsfähigkeit" und „Vertrauen") noch Entwicklungsbedarf besteht. Zur Einigung über die Bedeutungsebene ist es zwingend notwendig, sich darüber auszutauschen, was unterbleibt.

Eine Grundlage für Vertrauen und Auseinandersetzungsfähigkeit ist die Grundhaltung „Ich bin ok, Du bist ok". Nur wenn ich mich selbst und meine eigenen Ansichten wertschätzend betrachten kann und das Gefühl habe, dass die Ansichten der anderen in der Gruppe genau so wertvoll sind, kann ich den anderen mit einer offenen Haltung begegnen. Vertrauen entwickelt sich dann, wenn ich die Erfahrung mache, dass mir die Gruppe selbst auch mit einer „Ich bin ok, Du bist ok"-Haltung entgegentritt. So kann ich mich trauen, mich verletzlich zu zeigen, ohne befürchten zu müssen, dass diese Verletzlichkeit von anderen ausgenutzt wird. Konkret bedeutet dies, dass die Nicht-OK Haltung auf individueller und organisationaler Ebene den Bildabgleich über die Bedeutungsebene einer Vereinbarung verhindert und somit zum individuellen Wegdiffundieren der Bedeutung beiträgt.

Dieser Reflexionsprozess wurde von den Teilnehmern als wertvoll zurückgemeldet, da sie ein Verständnis und damit Bewusstheit darüber entwickeln konnten, weshalb es bisher nicht durchgängig gelingt, die gewünschte Verbindlichkeit herzustellen.

Meine Interventionen des Workshops richteten sich demnach in umgekehrter Reihenfolge zu der o.g. Abbildung: Über die Arbeit an Grundhaltungen erfolgt der Aufbau von Vertrauen und Auseinan-

dersetzungsfähigkeit, um dann ein gemeinsames Bild zur Bedeutungsebene zu entwickeln, das aus dem Erwachsenen-Ich der Teilnehmer und nicht aus angepassten oder verdeckt rebellischen Anteilen herausgebildet wird.

Im Folgenden habe ich entsprechend mit der Geschäftsleitung wie
geplant zur Vertiefung der Grundhaltungen gearbeitet. In einem
ersten Schritt sollten die Teilnehmer anhand eines Arbeitsblattes
ihre persönliche Disposition bzw. Ausprägung der vier Grundhaltungen einschätzen. In einem zweiten Schritt erfolgte dann in Paaren
eine gegenseitige Einschätzung der Grundhaltung sowie der Austausch über die Selbst- und Fremdeinschätzung anhand verschiedener Beispiele aus dem Arbeitsalltag. Dies hat zu einer vertieften
Selbstreflexion auf individueller Ebene sowie zu einem weiteren
Kontakt- und Vertrauensaufbau in der paarbasierten Offenlegung
der Selbst- und Fremdeischätzung geführt.

Um typische Beziehungskonstellationen selbst zu erleben, diesen
nachzuspüren und mit der eigenen Realität zu verknüpfen, stellten
die Teilnehmer im Rahmen von Rollenspielen in Kleingruppen verschiedene Konstellationen von Grundhaltungen nach. Nach jeder
Sequenz wurde darüber reflektiert, welche Dynamik die Teilnehmer erlebt haben und in welchen Situationen sie diese Dynamik im
Arbeitsalltag wiederfinden. Der anschließende Austausch in der
Gesamtgruppe ergab, dass die Konstellationen „Ungesunde Abgabe
oder Übernahme von Verantwortung" (+/- -/+) sowie „Machtkampf" bzw. „kritische Ärgergemeinschaft" (+/- +/-) als die häu-
figste Konstellation im Unternehmen identifiziert wurden. Dabei
benannten die Teilnehmer insbesondere die Über- oder Unterver-
antwortung als „den Klassiker".

Ich stellte anschließend daran die Verbindung zur zuvor erarbeiteten Gruppensymptomatik her: Die häufige Konstellation von +/-
+/- bzw. +/- -/+ verhindert den Aufbau von echtem Vertrauen und
trägt zur Abwertung der Vereinbarungen bei. Im Austausch darüber

kam die Frage auf „Müssen wir jetzt alle ins +/+ kommen, um Vertrauen aufzubauen?". Nach einem Dialog in der Gruppe brachte eine Teilnehmerin ein Beispiel dazu, wie ihr in einer +/+ Haltung begegnet wurde und sie das als sehr erleichternd erlebt habe. Dies wurde von den Teilnehmern als hilfreich zurückgemeldet, da sie anhand eines konkreten Beispiels hören konnten, wie eine +/+ Haltung auf jemanden wirken kann. Die Gruppe entschied sich, eine +/+ Haltung zunächst als Entwicklungsziel in Betracht zu ziehen, wobei zwei Teilnehmer zwar ihre Skepsis äußerten, aber Bereitschaft signalisierten, sich auf neue Erfahrungen einzulassen.

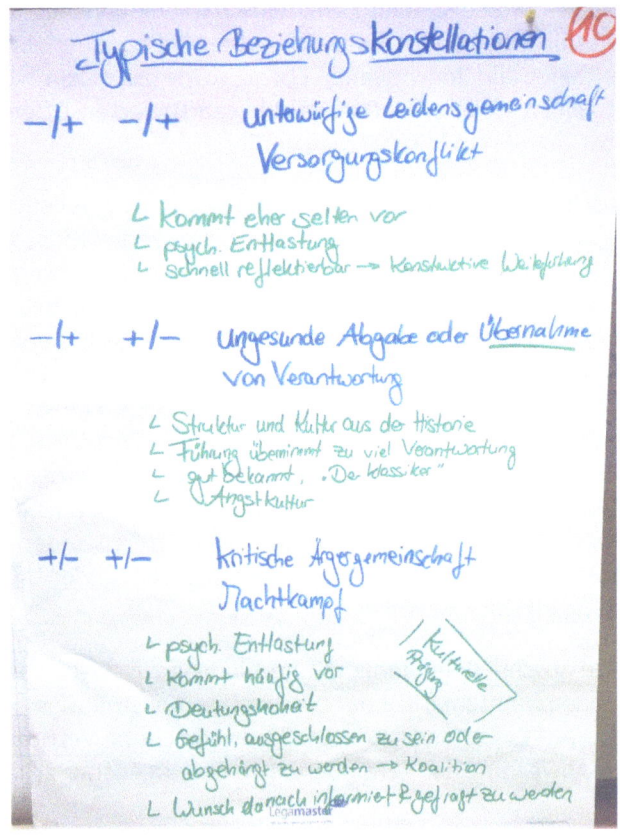

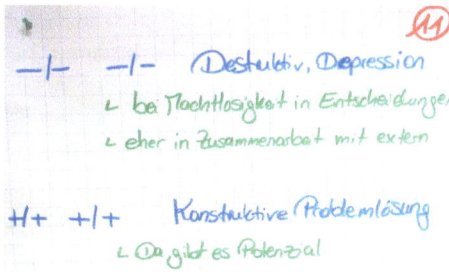

Abbildung 20: Typische Beziehungskonstellationen in der Organisation

Anschließend reflektierten die Teilnehmer darüber, in welchen Situationen und aufgrund welcher Auslöser sie aus einer OK-OK-Haltung herausrutschen und sich in destruktiven Beziehungskonstellationen verhaken. Beispielhafte Situationen aus dem Arbeitsalltag waren:

- Störung eines geplanten Arbeitsablaufs

- Widerstand von Mitarbeitern gegen gut gemeinte Angebote

- sog. Totschlagargumente / Killerphrasen, wie z.B. „Das haben wir schon immer so gemacht" oder „Wo kommen wir denn da hin?"

- Abwertung der eigenen Kompetenz

- Unerwartete Anschuldigungen

- Die Aufsummierung dieser und weiterer einzelner Auslöser über den Tag

In der Auseinandersetzung mit diesen Auslösern, deutete sich für mich an, dass es in mehreren Fällen um die eigene Abgrenzung geht. Es wurde sowohl davon berichtet, dass die eigene Abgrenzung nicht gut gelingt, also im Sinne einer +/+ Haltung es nicht gelingt, das erste + gut nach außen zu vertreten. Und ebenso wurde berichtet, dass die eigene deutliche Abgrenzung von anderen im Sinne einer +/- Haltung zum eigenen Schutz dient.

87

Die Emotionen Ärger und Angst wurden als die häufigsten Gefühle in diesem Zusammenhang genannt. Die Teilnehmer berichteten, dass es ihnen oft nicht gelinge, mit ihrem eigenen Ärger i.S. einer OK-OK-Haltung gut umzugehen. Vielmehr werde „die Faust in der Tasche" gemacht und die dadurch innerpsychisch entstehende Belastung (i.S. eines innerpsychischen Containments / Aushaltens) könne in typischen Beziehungskonstellationen, wie z.B. einer kritischen Ärgergemeinschaft oder unterwürfigen Leidensgemeinschaft Entlastung finden.

Ich gab als Impuls, dass jede Emotion einen Auslöser, eine Funktion sowie eine Zeitperspektive hat. So wird Ärger durch Frustration ausgelöst, hat die Funktion der Veränderung und wird in der Gegenwart gespürt, also im Hier und Jetzt. Der Auslöser von Angst ist eine Bedrohung, vor der ich mich zukünftig schützen möchte.

In meinem inneren Bild über die Gruppe beinhaltet diese Angst zwei Komponenten: Zum einen resultiert ein Teil der Angst aus den historischen Führungserfahrungen, die entweder selbst erlebt oder im Rahmen von Geschichten immer wieder präsent gehalten werden. Dazu passt auch die organisationale Nicht-OK-Haltung i.S. der eigenen Abwertung. Diesen Teil sehe ich eher als fantasierten Teil von Angst. Die zweite Komponente der Angst beinhaltet vermutlich sehr reale Aspekte, wie die Abwertungen von Kollegen, die tatsächlich eigenen Schutz notwendig machen.

Um eine erste Annäherung an die individuelle und organisationale Angst zu initiieren, bat ich die Teilnehmer, sich auf einem Spaziergang jeweils zu zweit oder zu dritt über die folgenden Fragen auszutauschen:

- Woher kommt die Angst?
- Wovor glauben Sie, sich in Zukunft schützen zu müssen?

Meine Idee war es, die Teilnehmer über die körperliche Bewegung des Spaziergangs für eine andere Art des Austausches zu stimulieren, bei der durch das gemeinsame Gehen und Einigen auf eine Richtung eventuell auch Gemeinsamkeiten in der Wahrnehmung und Empfindung von Ängsten und Schutzbedürfnissen sichtbar werden. Vom Austausch selbst versprach ich mir, dass die Teilnehmer zum einen in der retrospektiven Betrachtung Aufschluss über die Herkunft der Angst und somit über fantasierte oder reale Anteile erhalten. Zum anderen wollte ich den Schutzaspekt in der zukünftigen Ausrichtung thematisieren, um dann konkrete Ableitungen daraus treffen zu können.

Nach dem Spaziergang tauschte sich die Geschäftsleitung im Plenum zu ihren Überlegungen aus. Die Antworten auf die Frage, wovor in Zukunft Schutz benötigt werde, reichten dabei von konkreten operativen Bedrohungen (Entlassungen, falschen Entscheidungen) bis zu tieferliegenden Aspekten (Verletzungen, Bedrohung der Sinndimension durch Vorstandswechsel). Dabei bemerkte ich, dass der Austausch im Vergleich zum bisherigen Workshop eher verhalten erfolgte. Unmittelbar nach dem Spaziergang habe ich die Teilnehmer als eher energiegeladen erlebt, erst als es um den Austausch in der Gesamtgruppe ging, schien die Energie aus der Gruppe zu weichen. Dies erklärt sich aus meiner Sicht zum einen aus der nach wie vor nicht ausreichenden Vertrauensbasis zur Besprechung eigener Ängste. Die Gruppe hat in den bis dato vier gemeinsamen Workshop-Tagen eine intensive Entwicklung hinsichtlich des Aufbaus von Kontakt und Vertrauen durchlaufen. Gleichzeitig scheint die Besprechung von Ängsten momentan eine Grenze zu überschreiten. Zum anderen war die bisherige Arbeit im Workshop sehr intensiv und energiegeladen. Zum Zeitpunkt dieses Austausches war der Nachmittag des zweiten Tages erreicht, sodass die Erschöpfung der Teilnehmer hinzukam.

Ich entschied mich dazu, den zurückhaltenden Austausch nicht zu konfrontieren, sondern die Ergebnisse erwachsen und aus einer OK-

OK-Haltung heraus mit der Wertschätzung zu versehen, die sie meines Erachtens verdient haben. Eine Konfrontation hätte nach meiner Einschätzung eine zu hohe Gefahr für die Abwertung des bisherigen Entwicklungsprozesses der Gruppe bedeutet und damit die
Entwicklung der Gruppe konterkariert. Gleichzeitig spürte ich die
subtile Einladung einiger Teilnehmer, die Austauschqualität kritisch-elterlich zu kommentieren. Ich bin dieser Einladung nicht ge-
folgt, sondern habe Zuwendung für den bisherigen Prozess und den
aktuellen Stand der Gruppe gegeben, um so die bisherige organisationale Beziehungserfahrung nicht zu bestätigen.

Im letzten Teil des Workshops schlug ich die Brücke zum eingangs
besprochenen Thema der Verbindlichkeit. Ich bat die Teilnehmer
aus den Erkenntnissen der zurückliegenden Tage Vereinbarungen
zu entwickeln, wie sie zukünftig hinsichtlich der Aspekte Haltung
und Verbindlichkeit miteinander umgehen wollen.

Nach einer kurzen individuellen Erarbeitungsphase stellten die
Teilnehmer ihre Vereinbarungen in der Gruppe vor und diskutierten
diese. Im Austausch darüber stellte die Geschäftleitung fest, dass
alle diese Aspekte auf eine OK-OK-Haltung einzahlen. Weiterhin
hat sich die Gruppe drei explizite Erlaubnisse gegeben:

- Die Erlaubnis, sich Hilfe zu holen, z.B. wenn im Prozess
  klar wird, dass eine Vereinbarung nicht eingehalten werden kann (→ Herstellen von Verbindlichkeit).

- Die Erlaubnis, andere aus der Gruppe darauf hinzuweisen,
  wenn sie aus einer OK-OK-Haltung herausrutschen. (Hierzu
  wurde ein Symbol vereinbart, das dies ausdrückt) (→
  Bewusstheit über das „zweite" OK, also das OK des
  Anderen.

90

- Die Erlaubnis, die eigenen Bedürfnisse in der Gruppe zu äußern (Hierzu wurde ein korrespondierendes Symbol vereinbart) (→ Erlaubnis zum Ausdruck des „ersten" OK, also das eigene OK).

Diese Vereinbarungen empfand ich als wichtig für die weitere Entwicklung der Gruppe, da sie unmittelbar auf die Entwicklung von Autonomie und einer OK-OK-Haltung einzahlen. Durch den diesbezüglichen konstanten Austausch wird darüber hinaus die Entwicklung von Kohäsion in der Geschäftsleitung gefördert, was sich positiv auf den Abbau der Fragmentierungen und Teilverhärtungen in der Organisation auswirken könnte.

In der Gestaltung der weiteren Vorgehensweise äußerte die Gruppe den Wunsch, diese getroffenen Vereinbarungen zunächst auszuprobieren, bevor weitere Themen wie Führungsverständnis und Veränderungsfähigkeit bearbeitet werden. Diesen Wunsch und die Verlangsamung des bisher sehr schnellen Prozesses empfinde ich als ressourcenorientiert. Meine Hypothese ist, dass im konkreten Ausprobieren und Implementieren der Vereinbarungen ein wichtiger Schlüssel für eine nachhaltige Entwicklung der Organisation liegen könnte. Für den nächsten Termin bot ich der Geschäftsleitung an, die geplanten zwei Tage zur Bearbeitung konkreter Anliegen und operativer Themen zu nutzen. Nach der Bearbeitung der jeweiligen einzelnen Themen erfolgt dann eine Reflexion sowie ein Feedback von meiner Seite über die Art der Zusammenarbeit und die Einhaltung der Vereinbarungen. So haben die Teilnehmer die Möglichkeit, ihr direktes Erleben zu reflektieren und bei Bedarf nachzusteuern.

Die Durchführung dieses Workshops wird im Spätsommer / Frühherbst 2018 erfolgen und liegt außerhalb des Zeitrahmens für diese Arbeit. Daher werde ich im nächsten Kapitel einen Ausblick sowie eine Prognose für den weiteren Prozess geben.

1.5. Reflexion und Prognose

Insgesamt empfinde ich die Entwicklung der Gruppe als intensiv und eher schnell mit einer positiven Ausrichtung. Die von mir aufgestellten Hypothesen nach dem Auftragsklärungsgespräch mit dem Vorstand im Januar 2018 konnte ich über zwei zweitägige Workshops weitestgehend verifizieren. In der Reflexion des bisherigen Prozesses erlebe ich, dass die durchgeführten Interventionen einen beobachtbaren Beitrag zur Entwicklung der Geschäftsleitung und somit zur Entwicklung der Organisation beitragen konnten. Die große Bereitschaft zur intensiven und konstruktiven Arbeit der Geschäftsleitung hat diese Entwicklung maßgeblich gefördert.

Im Einzelnen:

Interventionsziele	Status Quo	Zusammenhang Gruppenmodelle
1. Erhöhung der kohäsiven Kraft des Vorstands sowie der Geschäftsleitung: Entwicklung der Autonomie sowie Förderung des Kontakts und des gemeinsamen Verständnisses für die strategische Ausrichtung der Stiftung innerhalb des Vorstands	Implizit angearbeitet Konzentration auf Gruppe der Geschäftsleitung; bisher keine ausschließliche Arbeit mit dem Vorstand	Arbeit an der äußeren Hauptgrenzlinie (Kampfgruppe)

Interventionsziele	Status Quo	Zusammenhang Gruppenmodelle
2. Erhöhung der kohäsiven Kraft innerhalb der Geschäftsleitung: Entwicklung der Autonomie sowie Förderung des Kontakts und des gemeinsamen Verständnisses für Ziele der Stiftung	In beiden Workshops erfolgt Autonomieförderung i.S. von Bewusstheit, Spontaneität und Intimität ist erfolgt; Aspekte der Ziele durch Beispiele angearbeitet	Arbeit an der inneren Hauptgrenzlinie (Entwicklungsgruppe)
3. Entwicklung der Geschäftsleitung hin zu einer Arbeitsgruppe: Verortung der eigenen Organisation und daraus folgend Auseinandersetzung mit „sich selbst", z.B. Beziehungsdynamiken und Störfaktoren	In beiden Workshops erfolgt Fokus Workshop 1: Verortung hinsichtlich Vertrauen und Konflikte Fokus Workshop 2: Beziehungsdynamiken und Störungen	Arbeit an der Nebengrenzlinie (Arbeitsgruppe)
4. Erweiterung der Bewusstheit:	In beiden Workshops erfolgt	Arbeit am Gruppen-Imago (Entwicklungs-gruppe)

Interventionsziele	Status Quo	Zusammenhang Gruppenmodelle
Reflexion, Bildab-gleich und Ausei-nandersetzung mit der bisherigen Entwicklung und dem aktuellen Standort	Erweiterung der Bewusst-heit auf individueller und organisationaler Ebene hat stattge-funden	
5. Erweiterung des Verhaltensreper-toires in der Be-ziehungsgestal-tung: Reflexion über ty-pische Verhaltens-weisen und Erar-beitung von Alternativen (z.B. anhand von Grundhaltungen)	Im zweiten Work-shop erfolgt Vereinbarungen zu Verhaltenswei-sen i.S. einer OK-OK-Haltung	Arbeit an indivi-duellen Neben-grenzlinien (Ar-beitsgruppe)
6. Aufbau von Ver-trauen und Offen-heit sowie Ent-wicklung von Steuerungskompe-tenzen zur Regu-lierung von Nähe und Distanz:	In beiden Work-shops erfolgt Solide Grundlage für weitere Ver-trauensbildung geschaffen	Arbeit am Grup-pen-Imago (Ent-wicklungs-gruppe)

Interventionsziele	Status Quo	Zusammenhang Gruppenmodelle
Reflexion, Bildabgleich und Auseinandersetzung mit der derzeitigen Art der Zusammenarbeit		
7. Entwicklung einer OK-OK-Haltung (individuell und organisational): Explizite Arbeit mit dem Modell der Grundhaltungen (Mindestmaß an Offenheit gefordert)	Im zweiten Workshop erfolgt Vereinbarungen zu Verhaltensweisen i.S. einer OK-OK-Haltung	Arbeit an der Arbeitsgruppendynamik (Arbeitsgruppe)

Abbildung 21: Reflexion der Interventionsziele

Gruppenkräfte und Gruppenarten

Die angelegte Arbeit hat nach meiner Einschätzung zunächst die Stärkung der kohäsiven Kraft in der Geschäftsleitung unterstützt. Diese Kohäsion ist sowohl vorbildhaft als Rollenmodell in der Organisation als auch inhaltlich wichtig für die weiteren Schritte. Meines Erachtens besteht eine gute Chance und gleichzeitig die Empfehlung, im nächsten Workshop diese innere kohäsive Kraft kurzfristig über die Bearbeitung der operativen Themen in Verbindung mit Reflexionsschleifen zu stärken, um weitere Entwicklungsschritte einzuleiten.

Wenn ich aus heutiger Sicht meine Entscheidung, das Modell der Gruppenkräfte und Gruppenarten nicht explizit zu nutzen, reflektiere, sehe ich noch weitere Optionen: Ich habe die Entscheidung, das Modell zur impliziten Arbeit zu nutzen, aufgrund des Eindrucks getroffen, dass der geäußerte Wunsch nach Veränderung von der Geschäftsleitung eher fragend und suchend (Interpretation: kindlich) war und ich mich eingeladen fühlte, zu versorgen und Struktur zu geben (kritisch-elterlich). Ich denke, dass dies mit meiner eigenen Disposition für eine +/- Haltung korreliert und ich mit dem Ziel, diese Haltung zu vermeiden, Einladungen spüren könnte, die - bei Lichte betrachtet- keine sind. Dafür spricht auch, dass ich den Wunsch nach Veränderung von der Gruppe zuvor aus einer erwachsenen Haltung heraus wahrgenommen habe. Ich hätte mir selbst mehr Zeit geben können, um dem Eindruck deutlicher nachzuspüren und so eine etwas fundiertere Entscheidung treffen können. Die explizite Arbeit mit dem Modell hätte bedeuten können, dass sich die Geschäftsleitung präziser selbst beschreiben und verorten kann und ich daraus andere Interventionen hätte ableiten können. Vermutlich hätte ich eine weitere Annäherung über die Frage nach der Entwicklung von Kohäsion gestaltet, wodurch Facetten hätten sichtbar werden können, die derzeit noch verborgen sein könnten. Dies werde ich in meiner weiteren Arbeit mit der Organisation explorieren.

Ich finde es für den weiteren Prozess wichtig, den Kontakt und den Austausch über die Zusammenarbeit innerhalb der Geschäftsleitung aufrecht zu erhalten. So könnte die Bedeutung des Prozesses und das gemeinsame Bild darüber immer wieder in den Fokus gerückt werden und die Gruppe darin unterstützt werden, die Abwertungen der eigenen Bedürfnisse wahrzunehmen und daran zu arbeiten. Dazu könnte z.B. zwischen den Workshop-Terminen jeweils ein kurzer Austausch mit mir per Videokonferenz o.ä. sinnvoll sein.

Mit einer solchen Intervention könnte ich den Kontakterhalt zunächst von meiner Seite aus überbrücken, bis die Gruppe vollständig gelernt hat, diesen selbst aufrecht zu erhalten.

Meine Vermutung darüber, dass die zeitliche Dauer sich nicht einschätzen lässt und im laufenden Prozess entschieden werden muss, welche Intervention als nächstes am wirksamsten ist, hat sich ebenfalls bestätigt. Zwar haben wir in der Gruppe gemeinsam Termine bis Mitte 2019 abgestimmt und die Themenüberschriften aus der Erarbeitung im ersten Workshop liegen auch vor. Gleichzeitig bestimmt die Gruppe das Tempo der Inhalte und Interventionen.

Eine besondere Relevanz kommt nach meiner Einschätzung der Nachbesetzung der beiden Vorstände zu. Bisher läuft der Rekrutierungsprozess ohne Ergebnis, sodass sich weitere Konzeptualisierungen und Interventionen für die Arbeit mit dem Vorstand dann anschließen werden. Ich denke, die fundierte Entwicklung von Kohäsion innerhalb des Vorstands ist erst dann sinnvoll, wenn die Zusammensetzung des neuen Vorstands geklärt ist und somit eine gemeinsame Ausrichtung hinsichtlich der Organisationssteuerung und -leitung möglich ist.

Autonomiemodell

Ich bin positiv überrascht von der kurzfristig zu beobachtenden Veränderung im Kontext von Bewusstheit und Intimität. In der Geschäftsleitung ist deutlich mehr Klarheit über den eigenen Entwicklungsstand sowie die Zielrichtung entstanden. Auch in der Zusammenarbeit habe ich gruppenseitig eine spürbare Verbesserung wahrgenommen. Dies ist auf die Gesamtorganisation nicht ohne weiteres übertragbar. Gleichzeitig habe ich die Hypothese, dass sich die wahrgenommene positive Konstruktivität auch auf Mitarbeiterebene zumindest in Teilen überträgt und als Ressource für den weiteren Prozess genutzt werden kann. In der Umsetzung der erarbeiteten Verhaltensalternativen i.S. einer OK-OK-Haltung ist noch viel Potenzial. Die Geschäftsleitung hat auf theoretischer Basis wichtige und gute Verhaltensvorschläge erarbeitet. Gleichzeitig müssen diese wirksam und nachhaltig implementiert werden, wozu der nächste Workshop als Aufsatzpunkt dient.

Weiterhin läuft im Hintergrund der Rekrutierungsprozess für die Vorstandsnachfolge. Die Bewusstheit über die Bedeutung der Nachbesetzung ist bisher eher diffus geblieben und nur kurz im Rahmen der Emotionsabwertung und der Fragestellung, wovor sich die Gruppe glaubt schützen zu müssen, aufgetreten. Ich vermute, dass dieser Aspekt mit dem Rekrutierungsfortschritt sowie der Bekanntgabe der Nachbesetzung erneut an Relevanz gewinnt und dann eine explizite Bearbeitung sinnvoll ist.

Grundhaltungen

Meine Vermutung der organisationalen Nicht-OK-Haltung hat sich in den beiden Workshops weitestgehend bestätigt, insbesondere in den beobachteten Abwertungen. Die Geschäftsleitung hat reflektiert und konstruktiv die typischen Beziehungskonstellationen erkannt und bearbeitet. Aus meiner Sicht haben die Teilnehmer hilfreiche Schlüsse für die Entwicklung einer individuellen und organisationalen OK-OK-Haltung gezogen. Auch hier geht es nun um die nachhaltige Implementierung. Ich nehme an, dass die Gruppe im nächsten Workshop dem Aspekt der einschränkenden, weil unterdrückten und abgewerteten, Emotionen einen Schritt näherkommen könnte und somit ggf. weitere Interventionen zur Bearbeitung möglich sind.

Ähnlich wie die Entwicklung von Autonomie ist die Entwicklung einer OK-OK-Haltung nicht innerhalb von zwei Veranstaltungen zu leisten, sondern bleibt langfristiges Entwicklungsziel.

1.6. Schlussbemerkung

Im Rahmen relationaler Überlegungen und der Tatsache, dass wir als Menschen bezogene Wesen sind, möchte ich kurz meine Überlegungen bezüglich der übergeordneten weiteren Entwicklung der Organisation darlegen:

In meinem inneren Bild pendelt die Geschäftsleitung derzeit zwischen dem Wunsch nach Bezogenheit zueinander und dem Wunsch nach Individualität und damit scheinbarer Sicherheit. Meiner Einschätzung nach haben die Teilnehmer Angst vor der Anerkennung der gegenseitigen Abhängigkeit voneinander. Diese Abhängigkeit gründet sich zum einen in operativer Abhängigkeit, wie in der Notwendigkeit zur Kooperation, um den eigenen Aufgabenbereich zu steuern. Zum anderen streben die Teilnehmer nach mehr Vertrauen und mehr „Wir-Gefühl", was beziehungshafte Abhängigkeit ist. Diese Bezogenheit bietet zum einen die von der Gruppe gewünschten positiven Aspekte, wie Zugehörigkeit, Respekt, Verständnis und Vertrauen. Gleichzeitig liegt darin ebenso die Gefahr, nicht anerkannt, nicht gesehen und somit verletzt zu werden. Um diesen negativen Implikationen der Bezogenheit zu entfliehen, ziehen sich die Teilnehmer zurück, distanzieren sich in Nicht-OK-Haltungen und bilden Koalitionen.

Die bewusste Steuerung zwischen Bezogenheit und Individualität gelingt dabei nicht durchgängig und führt immer wieder zu Missverständnissen und Konflikten. Das bedeutet, dass es im Kern um die Auseinandersetzung mit der eigenen Angst vor der Abhängigkeit, d.h. vor der ständigen Bezogenheit mit anderen Menschen und der Welt geht. Gelingt dies, so ist eine andere Art der Regulation zwischen den Polen möglich und damit eine andere Qualität der Beziehungsgestaltung.

Ich habe die Hypothese, dass die derzeitige Bezogenheit in der Gruppe eher fragil ist. Das wirkliche Einlassen aufeinander, im Sinne einer OK-OK-Haltung, würde u.a. bedeuten, die gegenseitige

Abhängigkeit anzuerkennen und die bewusste Steuerung dieses inneren Oszillationsprozesses als Aufgabe anzunehmen. Für den weiteren Entwicklungsprozess der Organisation bedeutet dies, die Bezogenheit der Mitglieder der Geschäftsleitung zu stabilisieren, i.S.v. Vertrauen zueinander, sowie die eigene Wirksamkeit und Abhängigkeit in der Führungsrolle zu reflektieren, um so kohäsive Kräfte innerhalb der Leitung aufzubauen und in die Organisation zu tragen.

Die hoch prozessuale Arbeit mit der Geschäftsleitung hat mich zum einen stark gefordert und zum anderen sehr bereichert. Das so gestaltete Arbeiten mit der Gruppe hat mich in meiner Entwicklung hinsichtlich des Vertrauens in die Ressourcenhaftigkeit der Gruppe sowie in meinen eigenen Kompetenzen bestärkt. Insbesondere die Verknüpfung der Modelle in dieser Art und Weise waren für mich neu und haben sich aus einem ko-kreativen Prozess mit der Geschäftsleitung entwickelt. Die Zusammenhänge zwischen Grundhaltungen und Abwertungen, sowie den Merkmalen einer Dynamik in der Gruppe (nach Berne) finde ich dabei im Nachhinein besonders erwähnenswert, da ein vertrauensvoller und offener Austausch über Existenz- und Bedeutungsebene nach dieser Erfahrung am besten gelingen kann, wenn die Mehrzahl der Beteiligten eine OK-OK-Haltung einnimmt. Sind andere Grundhaltungen aktiv, führt dies zu Verhakungen auf Beziehungsebene, die die Beteiligten eher in eine Schutzhaltung i.S. einer angepassten oder rebellischen Haltung bringen und somit echte Offenheit verhindern und kein Ausdifferenzieren des Gruppen-Imagos ermöglicht.

In der Begleitung der Organisation habe ich von Beginn an ein hohes Maß an Vertrauen der Geschäftsleitung in mich gespürt. Dies hat mich sehr beeindruckt und meine eigene Lernerfahrung in dem Prozess unterstützt. Das Einlassen der Geschäftsleitung auf mich und den gemeinsamen Prozess zeigt mir, dass sowohl die Gruppe als auch die Individuen grundsätzlich dazu in der Lage sind. Ich freue mich darauf, diese Fähigkeit mit der Geschäftsleitung so weiterzuentwickeln, dass die Gesamtorganisation fortführend gestärkt wird und somit eine Veränderung in der Beziehungsgestaltung und der Organisationskultur bewirkt werden kann.

Organisationsentwicklung auf
Basis der Gruppentheorie von
E. Berne

02

Selbstverständnis und Haltung
als Organisationsentwicklerin,
Trainerin und Coach

2. Selbstverständnis und Haltung als Organisationsentwicklerin, Trainerin und Coach

Der professionelle Alltag in der Organisationsberatung stellt häufig Herausforderungen an uns als Beratende, die mit Fragen des eigenen Selbstverständnisses sowie der eigenen Haltung verbunden sind. Der Raum für diese Fragen und ihre Antworten ist durch die eigene Eingebundenheit nicht immer gewährleistet, sodass ich an dieser Stelle auf die für mich persönlich wesentlichen Kernpunkte ethischer Haltung eingehen möchte. Dabei ist es mein Ansinnen, meine persönliche Sichtweise darzulegen; bewertungsfrei und zum Dialog stellend.

Die Fragen von eigenem Selbstverständnis, Haltung und Ethik sind zutiefst individuelle und für mich mit meiner persönlichen und professionellen Entwicklung verbunden. Im Jahr 2014 begann ich meine Ausbildung in Transaktionsanalyse, mit dem Ziel sowohl meine berufliche Wirksamkeit zu erhöhen als auch meine persönliche Entwicklung zu fördern. Im Verlauf meiner Ausbildung habe ich meine professionelle und organisationale Identität insbesondere unter ethischen Aspekten beleuchtet, was zu einer professionellen Identitätsentwicklung hin zu meiner jetzigen Tätigkeit geführt hat.

Im Verlauf meiner TA-Ausbildung habe ich über die Beschäftigung mit den ethischen Richtlinien der TA meine professionelle Identität als Organisationsberaterin geschärft. Dies führte dazu, dass ich die Methodik und Ausführung bestimmter Aufgaben meiner vorherigen Tätigkeit in einem Großkonzern immer kritischer hinterfragte und immer weniger in Einklang mit meiner inneren Haltung bringen konnte. So gab es beispielsweise häufig in Gesprächen eine sog. „hidden agenda", also versteckte Ziele, die nicht für alle Gesprächspartner transparent waren. Weiterhin beinhaltete die Position zwar auf dem Papier eine Beziehung auf Augenhöhe zu Kunden, de facto wurde dies jedoch nicht gelebt, sondern es sollten implizite Machtpositionen genutzt werden, um den Kunden vom „Richtigen" zu überzeugen. Dies brachte mich zunehmend in eine Dilemma-Situation, da ich mich im transaktionsanalytischen Sinne immer mehr mit der ok-ok Grundhaltung sowie erwachsenen und autonomen Verhandlungen und Gesprächen identifizierte. Mein entwickeltes Verständnis von Organisationsberatung geriet zunehmend in Widerspruch zu der dort gelebten Kultur. Meine eigene Identitätsentwicklung fand daher im Mai 2017 konsequenterweise ihren Niederschlag in einem Wechsel meiner professionellen Rolle weg von einer Inhouse-Beratung hin zu meiner jetzigen Tätigkeit als Organisationsentwicklerin, Trainerin und Coach.

Heute ist die Transaktionsanalyse ein Grundbestandteil meiner Beratungspraxis, ergänzt um Aspekte und Modelle aus der Systemik sowie Modellen zur Organisationsentwicklung aus der Betriebs- bzw. Wirtschaftswissenschaft. Ich verstehe mich dabei als Beraterin und Prozessbegleiterin, die Organisationen und Klienten dabei unterstützt, ihre eigenen Wege und Lösungen zu finden und sie in der Umsetzung dieser zu begleiten. Basis für meine Arbeit ist u.a. meine Überzeugung, dass in Menschen und damit auch in Organisationen die Ressourcen vorhanden sind oder entwickelt werden können, um diese eigenen Wege zu finden und zu gehen. Dies bedeutet auch, dass ich nicht i.S. einer Fachberatung den „richtigen" Weg vorgebe, sondern mich auf den Prozess des Kunden und der jeweiligen Organisation einlasse. Dabei sind mir die beiden Perspektiven einer pragmatischen Lösungsfindung zur unmittelbaren Entlastung sowie einer mittel- bzw. langfristigen Befähigung von Menschen und sozialen Systemen gleichsam wichtig.

106

Im Rahmen meiner Tätigkeit hat die Transaktionsanalyse für mich eine zentrale Bedeutung. Drei wesentliche Aspekte stehen dabei für mich im Vordergrund:

1. Das humanistische Menschenbild der TA stimmt in hohen Teilen mit meinem persönlichen humanistisch-konstruktivistisch geprägten Menschenbild überein. Die Entwicklung von Autonomie als Leitbild der persönlichen Entwicklung teile ich. Ich befürworte die Arbeit mit Kunden sowie Organisationen auf Augenhöhe und erkenne meine Auftraggeber als mündige Erwachsene an.

2. Ich erlebe die transparente Vermittelbarkeit der Modelle sowie die intuitive Erfassbarkeit dieser in individuellen und kollektiven Zusammenhängen als sehr hilfreich für die Bewusstheitsbildung sowie die Erhöhung der Reflexionsfähigkeit meiner Klienten.

3. Der Ansatz der Transaktionsanalyse beinhaltet für meine Beratungspraxis ein Konzept, das auf der Nähe und der Beziehung zu Menschen basiert und somit eine möglichst spielfreie Beziehungsgestaltung unterstützt. Vor dem Hintergrund meiner Erfahrung als Mitarbeiterin eines Großkonzerns ist mir die bewusste Beziehungsgestaltung im Sinne einer OK-OK-Grundhaltung sehr wichtig.

Ich arbeite mit Menschen und Gruppen aus unterschiedlichsten Kontexten: Sowohl die Branche, die Unternehmensgröße als auch die Hierarchieebene des Kunden bzw. Auftraggebers sind jeweils verschieden und erfordern von mir, mich auf den Kontext bzw. auf den jeweiligen Bezugsrahmen des Kunden einzustellen. Die oben genannten Aspekte der TA empfinde ich dabei als stark unterstützend für meine Tätigkeit und daraus resultierende Haltung gegenüber Kunden. Entsprechend unterschiedlich sind auch die jeweiligen Aufträge und professionellen Rollen, in denen ich tätig bin: Sowohl coache und begleite ich

Menschen in ihrer persönlichen individuellen Entwicklung, arbeite mit Teams und Organisationen an Themen wie Vertrauen und Zusammenhalt als auch begleite ich Organisationsentwicklungsprozesse, die eine hohe Komplexität in der Gesamtorchestrierung mit sich bringen. In allen Fällen nutze ich die TA sowohl explizit in der Arbeit mit Kunden als auch implizit zur Konzeptualisierung dessen, was gerade beim Kunden passiert, und zur Ableitung von passenden Interventionen. Zur Qualitätssicherung unserer Arbeit führe ich mit meinen Kollegen regelmäßig Intervisionen durch; gelegentlich führen wir auch Supervisionen mit einem externen Supervisor durch. Der Austausch, insbesondere zum modellhaften Denken über Situationen beim Kunden, bereichert mich sehr und erweitert immer wieder aufs Neue meinen Blick auf Organisationen.

Im Rahmen von Organisationsentwicklungsprozessen machen die Konzipierung und Durchführung von Programmen zur Führungskräfteentwicklung einen wesentlichen Teil meiner Arbeit aus. In diesem Zusammenhang und als Trainerin in unserer firmeneigenen Akademie habe ich mich intensiv mit meinem Selbstverständnis als Trainerin, bzw. als „Lehrende" auseinandergesetzt. In der Begleitung von Menschen in ihrer individuellen Entwicklung stellte sich für mich die Frage, wie ich innerhalb der Veranstaltungen einen solchen Raum schaffen kann, der Menschen darin unterstützt, sich selbst zu entwickeln. In meiner vorherigen Tätigkeit als Trainerin oder Seminarleiterin standen fachliche Schulung im Vordergrund, die von stark vorgegebenen Inhalten und sehr wenig Raum für individuelle Fragen oder Exkurse geprägt waren. In meinen heutigen Veranstaltungen geht es hingegen um persönliche Entwicklung, die nur sehr begrenzt bestimmten Regeln folgt und individuell unterschiedliche Zeit benötigt. Dazu erlebe ich eine andere Art des Raums oder der Lehre als hilfreicher.

108

Dies hat mich zu einem Haltungswechsel hin zur „Entwicklerin"
geführt: Für persönliche Entwicklung braucht es einen Raum,
der im Sinne der „3 P"[38] Schutz (protection), Erlaubnis (permission) und Kraft / Wirksamkeit (potency) gewährt, sowie einen
Lehrenden, der dies hält. Hierzu gestalte ich Module immer im
Dreiklang von Theorieinput (z.B. ein TA-Modell), Übungen zur
Selbsterfahrung sowie Reflexion über das Erlebte. Konkret bedeutet dies für mich in der Praxis, zunächst ausreichend Zeit zu
gewähren und mich auf den Gruppenprozess einzulassen. Im
Rahmen eines Gruppenvertrags vereinbare ich mit den Teilnehmern je zu Beginn Grundsätzliches zur Vertraulichkeit, Verantwortung sowie ggf. den Dreiecksvertrag mit Auftraggebern (in
Organisationskontexten). Insbesondere die Selbsterfahrung sowie die Reflexionen haben einen erlaubnisgebenden Charakter,
in dem sich die Teilnehmer als wirksam erleben können. Die
Entwicklung dieser Haltung hat im Prozess zu einer erneuten
Auseinandersetzung mit meinen Skriptthemen geführt. Das Einlassen auf den Gruppenprozess gelingt mir mittlerweile gut und
die eben nicht genaue Planbarkeit entlastet mich zunehmend
mehr als dass sie mich belastet. Der so entstehende ko-krea-
tive[39] Entwicklungsraum ermöglicht ein gemeinsames Arbeiten
auf Augenhöhe (statt einer Art Lehrer-Schüler-Beziehung, die
von einem Über- und Unterstellungsverhältnis gekennzeichnet
ist), das mich jedes Mal aufs Neue bereichert.

---

[38] vgl. Crossman, P. (1966). Berne benennt im Rahmen der Erlaubnis-
Transaktion vier Faktoren, die zur Wirksamkeit einer Therapie beitragen: Kraft, Erlaubnis, Schutz, Verstärkung. vgl. Berne, E. (1975),
S.427
[39] vgl. Summers, G. & Tudor, K. (2000): Ko-Kreation ist gekennzeichnet durch „We-ness" (die Beziehung zwischen zwei Personen entfal-
tet mehr Potenz als die Summe der Einzelpersonen), „shared respon-
sibilty" (gleichanteilig geteilte Verantwortung der Beteiligten) und
„present-centered development" (Entwicklung im Hier-und-Jetzt anstatt mit Fokus auf die Historie)

Ergänzend möchte ich auf die ethischen, professionellen und rechtlichen Fragen in Bezug auf die Anwendung von TA verweisen. Diese sind mir für die Klarheit, Transparenz und den Schutz in der Zusammenarbeit wichtig, wobei sich dies sowohl auf den Schutz für mich und mein Handeln als auch auf den Schutz aus firmeninterner Perspektive in der Zusammenarbeit mit unseren Kunden bezieht. Insbesondere unter dem Aspekt, dass Bezeichnungen wie „Coach"; „Organisationsentwickler", „Organisationsberater" oder „Moderator" nicht geschützt sind und damit keinen Aufschluss über die Haltung eines solchen geben, stellt der ethische Kodex der EATA für mich einen Handlungsrahmen dar, dem ich grundsätzlich verpflichtet bin. [40] Hier empfinde ich insbesondere die grundlegenden Werte (Würde des Menschen, Selbstbestimmung, Gesundheit, Sicherheit und Gegenseitigkeit) als hilfreich und unterstützend für meine Arbeit.

Dies bedeutet für mich, mir im Prozess der Auftragsklärung bzw. Vertragsvereinbarung ausreichend Zeit zu nehmen, um die Ausgangssituation und Ziele, das darauf ausgerichtete Vorgehen sowie die formellen, rechtlichen und inhaltlichen Rahmenbedingungen mit dem Kunden zu erörtern. Darauf aufbauend formuliere ich ein schriftliches Angebot, in dem ich die gewonnen Informationen verarbeite und das gemeinsame Vorgehen beschreibe. Die Auftragsklärung dient auch einer ersten ethischen Prüfung, inwieweit ich im Austausch mit dem Kunden eine hinreichende Ernsthaftigkeit wahrnehme, sich auf den Prozess einzulassen. Ist dies nicht gegeben, nehme ich den Auftrag mit Blick auf meine ethische Haltung und gleichzeitigem Respekt vor den Entscheidungen Anderer nicht an. Wird erst im Laufe

---

[40] vgl. DGTA Handbuch für die Weiterbildung und Prüfung zum*zur Transaktionsanalytiker*in, Stand Juni 2018, Kapitel 3

des Prozesses sichtbar, dass es hinsichtlich der ethischen Richtlinien Bedenken gibt, thematisiere ich dies offen mit dem Kunden und gebe ggf. den Auftrag im laufenden Prozess zurück.

In meiner täglichen Arbeit kommen den Aspekten des Schutzes,
der Vertraulichkeit sowie der Verbindlichkeit generell eine besondere Bedeutung zu. Im Rahmen meiner Tätigkeit passiert es
öfter, dass sich im Laufe eines Auftrags ergänzende Aufträge
ergeben, z.B. entstehen aus einer Arbeit mit der Geschäftsführung Aufträge für unterstellte Teams oder Individuen in der Organisation. Hier überprüfe ich, inwiefern ethische Konflikte,
z.B. hinsichtlich der Vertraulichkeit oder gegenläufiger Ziele,
entstehen könnten und ob ich selbst unter diesen Gesichtspunkten den Auftrag annehmen kann. So gebe ich beispielweise
Coaching-Aufträge, die sich aus einer Arbeit mit einem Team
ergeben, an Kollegen ab, wobei der coachende Kollege und ich
zwar grundsätzlich voneinander wissen, aber keine vertrauli-
chen Details der jeweiligen Prozesse austauschen. Diese ethischen Fragen bespreche ich transparent mit dem jeweiligen
Kunden, um bei Bedarf bestehende Verträge anzupassen bzw.
neue Verträge zu vereinbaren. Ebenso kann es vorkommen, dass
ich mich gegen eine Zusammenarbeit mit einem Kunden ent-
scheide und einen Auftrag ablehne, wenn ich den Eindruck
habe, dass eine gemeinsame Vertragsgestaltung nicht möglich
ist.

Nach meiner Erfahrung liegt ein wichtiger Faktor für die wirksame Entwicklung von Organisationen im gesteuerten und bewusst geplanten Zusammenspiel unterschiedlicher Interventionen auf verschiedenen Ebenen. So kann beispielsweise eine
punktuelle Maßnahme zur Führungskräfteentwicklung nur eingeschränkt Veränderung im Unternehmen bewirken, wenn die
gelebte Organisationskultur prohibitiv für neues Verhalten oder
Haltungsänderungen ist. Ebenso kann die Entwicklung eines

Leitbildes durch Abwertungen von Teilen der Organisation die substantielle Entwicklung eines Unternehmens erschweren. Eine ganzheitliche Betrachtung beispielsweise bei der Erarbeitung und Implementierung von Unternehmenswerten bedeutet für mich, u.a. den Kommunikations- und Umsetzungsprozess im Unternehmen im Sinne der Werte und somit als positiven Parallelprozess zu gestalten. Wenn ich Programme zur Führungskräfteentwicklung konzipiere, versuche ich, die jeweilige Unternehmenskultur so gut wie möglich zu berücksichtigen und den Rückfluss der erreichten Entwicklungsergebnisse auf persönlicher und Gruppenebene in das Unternehmen zu fördern, um gesamthaft zur Entwicklung der Organisation beitragen zu können.

Ich denke, dass Organisationsentwicklung dann wirksam gelingen kann, wenn der Prozess gemeinsam mit dem Kunden gut vorbereitet und gestaltet wird. Wichtig finde ich dabei, die Wirkweise von Interventionen in das Unternehmen hinein, das Zusammenspiel verschiedener Interventionen untereinander sowie die zeitliche Planung dieser zu bedenken. Ansonsten könnte es geschehen, dass Einzelmaßnahmen in ihrer Wirksamkeit erheblich eingeschränkt werden oder sich sogar gegenseitig aushebeln.

Meine Rolle sehe ich darin, den Kunden in der Planung, Konzeptualisierung, Umsetzung und Evaluation von Veränderungsprozessen zu begleiten und zu unterstützen. Dies beinhaltet in solchen oft mehrjährigen und langfristig angelegten Prozessen als Sparringspartner auf Augenhöhe zu fungieren, notwendige Strukturangebote zu bieten und die Entwicklungen des Unternehmens immer wieder gemeinsam zu reflektieren. Gleichzeitig besteht für mich die Herausforderung darin, gemeinsam mit dem Kunden prozessual zu arbeiten. Durch die oft hohe Komplexität der Wirkzusammenhänge von Interventionen zur Organisationsentwicklung kann es immer wieder geschehen, dass es an einer Stelle des Prozesses etwas braucht, das zuvor nicht absehbar war, wie beispielsweise eine zeitliche oder inhaltliche Umgestaltung von Interventionen (z.B. wenn zur Erarbeitung eines Leitbilds mehr Zeit benötigt wird als geplant und sich so Workshops zur Kommunikation des Leitbilds zeitlich verschieben).

Das bewusste Agieren in diesem Spannungsfeld in Kombination mit der Reflexion von persönlichen und Kundendynamiken macht für mich die Wirksamkeit, die Bereicherung, den Spaß und den Sinn meiner Tätigkeit jeden Tag aufs Neue erlebbar.

Organisationsentwicklung auf
Basis der Gruppentheorie von
E. Berne

03

Literaturverzeichnis

Literaturverzeichnis

Berne, Eric (1970): Spiele der Erwachsenen, Reinbek bei Hamburg: Rowohlt

Berne, Eric (1975): Was sagen Sie, nachdem Sie „Guten Tag" gesagt haben? Psychologie des menschlichen Verhaltens, München: Kindler

Berne, Eric (1979): Struktur und Dynamik von Organisation und Gruppen, München: Kindler

Bion, Wilfred R. (1990): Lernen durch Erfahrung, Frankfurt a.M.: Suhrkamp

Crossmann, Patricia (1966): Permission and Protection, in: Transactional Analysis Bulletin, Vol. 6, pp. 152-154

DGTA (Stand: Juni 2018): Handbuch für die Weiterbildung und Prüfung zum*zur Transaktionsanalytiker*in, Kap. 3, verfügbar unter: https://www.dgta.de/fileadmin/user_upload/DGTA/Pruefungshandbuch/EATA-Pruefungshandbuch_DGTA.docx [zuletzt geöffnet: Oktober 2018]

English, Fanita (2001): Transaktionsanalyse: Gefühle und Ersatzgefühle in Beziehungen, 9. Aufl. (2001) Salzhausen: iskopress

Ernst, Franklin H. (1971): The OK Corral: The grid for get-on-with, in: Transactional Analysis Journal, Vol. 1/4 pp. 33-42

Giernalczyk, Thomas / Lazar, Ross A. / Albrecht, Carla (2012): Die Rolle der Führungskraft und des Beraters als Container, in: Giernaczyk, Thomas / Lohmer, Thomas (Hrsg.) (2012): Das Unbewusste im Unternehmen. Psychodynamik von Führung, Beratung und Change Management, Stuttgart: Schäffer-Poeschel, S. 25-37

Hagehülsmann, Ute & Heinrich (2007): Der Mensch im Spannungsfeld seiner Organisation. Transaktionsanalyse in Managementtraining, Coaching, Team- und Personalentwicklung, 3. Aufl. (2007), Paderborn: Junfermann

Harris, Thomas A. (2016): Ich bin ok. Du bist ok, 50. Aufl. (2016), Reinbek bei Hamburg: Rowohlt

Hay, Julie (2009): Transactional Analysis for Trainers, Hertford (UK): Sherwood

Hoffmann, Gregor Paul (2017): Organisationale Resilienz. Kernressource moderner Organisationen, Berlin: Springer

Korpiun, Michael / Thiele, Martin (2016): Wie Beziehungskompetenzen die Entwicklung von Kultur und damit von Organisationen prägen, in: Raeck, Hanne / Lohkamp, Luise (Hrsg.) (2016): Tore und Brücken zur Welt. Willkommen in bewegten Zeiten. Reader zum 37. Kongress der Deutschen Gesellschaft für Transaktionsanalyse, Lengerich: Pabst, S. 400- 416

Korpiun, Michael / Thiele, Martin (2016): Organisationen als sinnorientierte Konstitution kollektiver Beziehungsbilder. Grundlagen eines beziehungsorientierten Organisationsverständnisses, in: Raeck, Hanne/ Lohkamp, Luise (Hrsg.) (2016): Tore und Brücken zur Welt. Willkommen in bewegten Zeiten. Reader zum 37. Kongress der Deutschen Gesellschaft für Transaktionsanalyse, Lengerich: Pabst, S. 180-200

Langlotz, Ernst Robert (2015): Symbiosen in Systemaufstellungen. Mehr Autonomie durch Selbst-Integration, Wiesbaden: Springer

Lazar, Ross A. (2014): Container – Contained, in: Mertens, Wolfgang (Hrsg.) (2014): Handbuch psychoanalytischer Grundbegriffe, 4. Aufl. (2014), Stuttgart: Kohlhammer, S. 181-187

Lencioni, Patrick M. (2002): The five Dysfunctions of a Team: A Leadership Fable. San Francisco: Jossey-Bass

Lohmer, Mathias / Möller, Heidi (2014): Psychoanalyse in Organisationen. Einführung in die psychodynamische Organisationsberatung, Stuttgart: Kohlhammer

Schiff, Jacqui Lee / Schiff, Aaron W. / Mellor, Ken / Schiff, Eric/ Schiff, Shea / Richman, David / Fishman, Joel Wolz, Linda / Fishman, Cheryl / Momb, Diane (1975): Cathexis Reader. Transactional Analysis Treatment of Psychosis, New York: Harper & Row

Schlegel, Leonhard (2002): Handwörterbuch der Transaktionsanalyse. Sämtliche Begriffe der TA praxisnah erklärt, 2. Aufl. (2002), Zürich: Deutschschweizerische Gesellschaft für Transaktionsanalyse

Schlegel, Leonhard (2011): Die Transaktionale Analyse, 5. Aufl. (2011), Zürich: Deutschschweizer Gesellschaft für Transaktionsanalyse

Schwing, Rainer / Fryszer, Andreas (2006): Systemisches Handwerk. Werkzeug für die Praxis, Göttingen: Vandenhoeck & Ruprecht

Sell, Matthias (2009): Beziehungsformen als Element konsequenter transaktionaler Denkweise, in: Zeitschrift für Transaktionsanalyse, Vol. 26/2, S. 108-115

Senge, Peter M. (2011): Die fünfte Disziplin. Kunst und Praxis der lernenden Organisation, 11. Aufl. (2011), Stuttgart: Schaeffer-Poeschel

Steiner, Claude (2005): Wie man Lebenspläne verändert: Die Arbeit mit Skripts in der Transaktionsanalyse, 11. Aufl. (2005), Junfermann Verlag

Summers, Graeme / Tudor, Keith (2000): Cocreative Transactional Analysis, in: Transactional Analysis Journal, Vol. 30/1 pp. 23-40

Vogelauer, Werner (1999): Organisationsveränderung, -entwicklung und -erstarrung, in: Zeitschrift für Transaktionsanalyse, Vol. 3/ 1999, S. 104-118

Organisationsentwicklung auf
Basis der Gruppentheorie von
E. Berne

04

Über die Autorin

Über die Autorin

Sabrina Hupperich

M.Sc. Psychologie, Dipl. Betriebswirtin (VWA), Organisationsentwicklerin, Trainerin & Coach, lehrende und supervidierende Transaktionsanalytikerin unter Supervision (PTSTA-O) sowie Master Coach (EASC), Mitglied der deutschen und europäischen Gesellschaft für Transaktionsanalyse (DGTA, EATA) sowie der European Association for Supervision and Coaching (EASC). Senior Beraterin bei In Stability GmbH & Co. KG, der beziehungsorientierten Entwicklungsberatung und Akademie in Hannover.

- sabrina.hupperich@in-stability.de
- www.in-stability.de